行政执法实务研究
——以交通执法为视角

叶乃涛 主编

浙江工商大学 出版社
ZHEJIANG GONGSHANG UNIVERSITY PRESS
·杭州·

图书在版编目（CIP）数据

行政执法实务研究：以交通执法为视角 ／ 叶乃涛主编 . -- 杭州 ：浙江工商大学出版社，2025. 5. -- ISBN 978-7-5178-6535-3

Ⅰ . D922.144

中国国家版本馆 CIP 数据核字第 2025W6U185 号

行政执法实务研究——以交通执法为视角
XINGZHENG ZHIFA SHIWU YANJIU——YI JIAOTONG ZHIFA WEI SHIJIAO
叶乃涛 主编

责任编辑	张　玲	
责任校对	夏　佳	
封面设计	蔡海东	
责任印制	屈　皓	
出版发行	浙江工商大学出版社	

（杭州市教工路 198 号　邮政编码 310012）

（E-mail：zjgsupress@163.com）

（网址：http://www.zjgsupress.com）

电话：0571-88904980，88831806（传真）

排　版	杭州彩地电脑图文有限公司	
印　刷	浙江全能工艺美术印刷有限公司	
开　本	710 mm×1000 mm　1/16	
印　张	11.75	
字　数	168 千	
版 印 次	2025 年 5 月第 1 版　2025 年 5 月第 1 次印刷	
书　号	ISBN 978-7-5178-6535-3	
定　价	56.00 元	

序言 PREFACE

行政执法是法治政府建设的核心环节，其规范性、科学性与公平性直接影响社会秩序与公众权益。随着社会治理的复杂化，执法实践面临法律适用模糊、程序争议频发、新兴领域挑战增多等难题。本书以问题为导向、案例为支撑、法理为内核，依照行政执法的普遍规律，结合交通执法领域的典型场景，为跨行业、跨领域的执法实践提供可借鉴的方法论与解决方案。

为何选择以交通执法为视角？因为交通执法是行政执法的缩影，涵盖许可、处罚、强制、监管等多种行政行为，涉及道路运输、港航管理、工程建设等多个领域，兼具专业性与复杂性。以交通执法为切入点，既能深入剖析执法中的共性问题（如证据链构建、裁量基准适用、主体认定争议），又能借助具体案例呈现法律适用的精细化路径，为其他领域的执法者提供直观参考。

本书特色主要体现在以下四个方面。一是聚焦共性议题，提炼普适规则。全书以行政执法的核心问题为脉络，围绕"违法主体认定""罚则适用冲突""程序合法性审查""新兴业态监管"等共性议题展开。通过交通执法案例的拆解,揭示法律解释的逻辑、裁量权的边界及风险防控要点,助力读者触类旁通。二是案例实证,强化实务导向。精选超限运输、非法营运、网约车违规、危化品运输等 40 类典型案例,每个案例均包含相关案例、法理分析、典型意义、相关依据四部分。案例既体现交通执法的特殊性,又映射行政许可、行政处罚、行政强制等行为的普遍规范,实现"一例多用"。三是法理与实操并重。在法理层面,本书系统梳理《中华人民共和国行政处罚法》《中华人民共和国行政强制法》及行业法规的衔接关系,厘清"过罚相当""一事不二罚"等原则的适用边界;在实操层面,本书除提供询问笔录要点、证据固定技巧、文书送达规范等操作指南外,还兼顾理论深度与落地价值。四是回应前沿,推动制度完善。针对远程执法、智能监管、跨部门协同等新兴场景,结合司法判例与政策动向,探讨法律滞后性下的执法创新路径。例如对自动驾驶车辆责任认定、数据证据合法性等问题的分析,为未来立法与执法改革提供思路。

本书既可作为行政执法人员的工具书,也可为律师、法学研究者提供实务研究素材,同时还可为企业、行业协会、社会公众等主体厘清法律边界、规避经营风险提供参考。

在本书编写过程中,团队结合地方执法经验与司法裁判观点,对全国百余起典型案例进行梳理,确保内容权威可靠。全书经十轮交叉核稿,严格校验法律条文时效性、案例真实性及逻辑严谨性,力求实现学术价值与实践价值的统一。

行政执法既是行使权力,也是担当职责。本书期冀以交通执法为"透镜",折射行政法治的普遍规律,为构建规范、透明、高效的执法体系贡献绵薄之力。

编者

2025 年 4 月

目录 CONTENTS

第一编 道路运输领域

第二编　港航领域

第三编　交通工程领域

第一编

道路运输领域

1　违法超限运输罚则适用问题

（一）相关案例

2022 年 12 月 13 日至 2023 年 12 月 12 日期间，某运输公司（初次领取道路运输经营许可证的日期为 2019 年 12 月 13 日）所属的 4 辆货车因违法超限共被处罚 4 次，处罚时间分别为 2023 年 4 月 21 日、5 月 8 日、9 月 12 日、9 月 19 日。该公司原有货运车辆总数为 14 辆，但于 2023 年 11 月转让了 1 辆（为被查处的 4 辆违法车辆之一），因此在 2024 年 1 月 29 日立案时货运车辆总数为 13 辆。该企业涉嫌违法超限运输的货运车辆超过本单位货运车辆总数的 10%。

（二）法理分析

1. 案件焦点

《公路安全保护条例》第六十六条规定，道路运输企业 1 年内违法超限运输的货运车辆超过本单位货运车辆总数 10% 的，由道路运输管理机构责令道路运输企业停业整顿。货运车辆总数和违法超限运输车辆数的认定会直接影响本案裁量基准的适用。因此，1 年周期内何时适用该罚则及是否可以多次适用该罚则，如何认定货运车辆总数和违法超限运输车辆数成为本案的焦点问题。

针对上述焦点问题，实践中存在以下分歧意见。

（1）关于 1 年周期内何时适用该罚则及是否可以多次适用该罚则存在不同意见

第一种意见：一旦发现1年中企业涉嫌违法超限运输的货运车辆占本单位货运车辆总数比例达到10%以上即可适用本罚则，经处罚后当年再次出现达到10%以上情形的可再次适用本罚则。

第二种意见：按照1年中企业涉嫌违法超限运输的货运车辆占本单位货运车辆总数比例最高时的数值进行认定并处罚。根据《公路安全保护条例》第六十六条规定，应当按照道路运输经营许可证的颁发时间计算周期，评价运输企业在1年内的违法超限运输情况，按照比例最高时的数值进行认定并处罚。

（2）关于货运车辆总数计算存在不同意见

第一种意见：按车辆转让之前数量计算。理由是本案中车辆转让的时间发生在最后一次违法超限运输被处罚之后。

第二种意见：按道路运输经营许可证年度计算周期到期时的数量来计算。根据《公路安全保护条例》第六十六条规定，应当评价一个运输企业在一整年范围内的行为，既然法条已对评价时间进行了明确，那么就应该在道路运输经营许可证1年期间届满时对其1年内所有的行为进行评价。即使在道路运输经营许可证1年期间届满之前，某企业大量购入了新车，从而意外地对货运车辆总数进行了稀释，也是合理的商业行为。

第三种意见：按立案时数量计算。《江苏省货车超限超载"一超四罚"实施细则》（苏交规〔2018〕4号）第九条规定："道路运输管理机构拟给予道路运输企业停业整顿的行政处罚的，道路运输企业的货运车辆总数为道路运输管理机构立案时该企业所有领取道路运输证的货运车辆数。"该文件是江苏省交通运输厅发布的规范性文件，具有较高的参考意义。

2. 要点分析

《浙江省交通运输行政处罚裁量基准（2023年版）》针对"1年内违法超限运输的货运车辆超过本单位货运车辆总数10%"案由，根据1年内违法超限运输货运车辆累计总数占企业货运车辆总数的不同比例，设定停业整顿3—7天的不同期限。80%及以上或有其他严重情形的，则由原许可机关吊销道路运输经营许可证。同时明确：①货运车辆总数按照该企业牵引车车辆总数计；②"1年内"指违法超限运输记录的累计计算周期，从初次领取道路运输经营许可证之日算起，可跨自然年度执行。

据此，对《公路安全保护条例》第六十六条的适用作如下分析：

（1）1年周期内达到10%以上即可立案处罚，并可多次适用本罚则

运输企业在1年周期内违法超限运输车辆比例一旦达到10%以上，即符合该项违法行为的构成要件，可依法予以处罚。《公路安全保护条例》第六十六条的立法目的在于处罚1年内违法超限运输较多的经营者，及时发现并制止经营者因对车辆和驾驶员疏于管理而造成大量违法超限行为。因此一旦发现超过10%的比例，即启动立案程序，要求企业停业整顿，消除安全隐患。如1年周期内再次发现超过10%的比例，可理解为一个新的违法行为，执法机关同样应当及时履职，消除安全隐患。

（2）按立案时车辆计算比例具有科学性和说服力

在执法实践中，可能在道路运输经营许可证年度计算周期到期时计算1年内违法车辆占比，也可能在发现违法超限运输的货运车辆达到本单位货运车辆总数的10%时即要求停业整顿，以消除安全隐患。从立法目的来看，及时查处违法超限运输车辆比例高的运输企业有利于从源头上减少违法超限行为，执法机关应当及时关注比例情况并依法立案查处。在动态关注违法超限车辆比例的情况下，无论1年周期内运输企业的货运车辆总数和违法超限运输车辆数如何因为买卖行为而转变，按立案时车辆计算比例既能够最大限度地保护法益，又能清晰地计算违法车辆占比，避免因车辆转让或购买而产生数值计算上的困扰。

3. 结论性意见

一旦发现1年中企业涉嫌违法超限运输的货运车辆占本单位货运车辆总数比例达到10%以上即可适用本罚则，经处罚后当年再次出现达到10%以上情形的可再次适用本罚则。按照立案时车辆计算比例。本案中，按照立案时13辆来计算，那么该公司1年内违法超限运输的货运车辆为本单位货运车辆总数的4/13 ≈ 30.77%。

（三）典型意义

对 1 年内违法超限运输车辆较多的道路运输经营者及时进行处罚是"一超四罚"的重要举措，科学认定企业车辆总数和违法超限运输车辆数有利于及时消除违法隐患。可参考《江苏省货车超限超载"一超四罚"实施细则》等相关规定，在交通运输行政处罚裁量基准中进一步予以明确界定货运车辆总数，并明确罚则适用相关理解。

同时，交通执法领域的"一超四罚"机制，本质上是通过量化指标、动态监管、程序规范实现过罚相当。其他行政执法领域可立足自身特点，将"比例原则""证据中心主义""协同治理"等核心理念转化为可操作的制度设计，最终实现"执法标准化、裁量精细化、监管全域化"的目标。只有科学地评价一个违法行为，才能够让当事人理解执法的意义，从而最大限度地遏制违法行为。

（四）相关依据

《中华人民共和国行政处罚法》部分条款内容：

第三十六条　违法行为在二年内未被发现的，不再给予行政处罚；涉及公民生命健康安全、金融安全且有危害后果的，上述期限延长至五年。法律另有规定的除外。

前款规定的期限，从违法行为发生之日起计算；违法行为有连续或者继续状态的，从行为终了之日起计算。

《公路安全保护条例》部分条款内容：

第六十六条　对 1 年内违法超限运输超过 3 次的货运车辆，由道路运输管理机构吊销其车辆营运证；对 1 年内违法超限运输超过 3 次的货运车辆驾驶人，由道路运输管理机构责令其停止从事营业性运输；道路运输企业 1 年内违法超限运输的货运车辆超过本单位货运车辆总数 10% 的，由道路运输管理机构责令道路运输企业停业整顿；情节严重的，吊销其道路运输经营许可证，并向社会公告。

《江苏省货车超限超载"一超四罚"实施细则》部分条款内容：

第九条　道路运输管理机构拟给予道路运输企业停业整顿的行政处罚的，道路运输企业的货运车辆总数为道路运输管理机构立案时该企业所有领取道路运输证的货运车辆数。

2 非法营运主体认定问题

（一）相关案例

【案例 1】2023 年 7 月 1 日，桂某驾驶浙 A××××× 车辆在机场大巴停车场停靠并搭载乘客 15 人，准备将乘客从机场送至市内某地，双方约定车费为 700 元，案发时未实际收取费用。本次旅客运输业务信息由曹某提供给李某，李某负责安排车辆和驾驶员及与乘客接洽，浙 A××××× 车辆使用性质为营转非。驾驶员桂某已取得从业资格证，但相关主体均未取得道路客运经营许可。

【案例 2】2023 年 9 月 1 日，朱某驾驶浙 A××××× 小型普通客车并搭载乘客 8 人。车辆无道路运输证，且朱某未取得从业资格证。经调查，乘客孙某通过 ××× 平台选择了 B 汽车租赁有限公司的包车服务，行程路线从 ×× 宾馆到 ×× 公园。B 汽车租赁有限公司通过 ××× 平台以自动结算的方式收取了乘客孙某支付的 1000 元车费，并通过微信联系驾驶员朱某，由其完成该包车协议中约定的包车服务。B 汽车租赁有限公司未取得道路客运经营许可，其浙 AV6×11 车辆使用性质为非营运。

【案例 3】2023 年 10 月 1 日，张某驾驶浙 A××××× 车辆，载客 15 人，从 H 市 E 区至 H 市 F 区。浙 A××××× 车辆未办理道路运输证，车辆所有人为 C 汽车科技服务有限公司，该公司未取得道路客运经营许可。本次业务是由 C 汽车科技服务有限公司与 D 智能电子（杭州）有限公司签订《客运汽车租赁合同》，约定由 C 汽车科技服务有限公司提供员工上下班接送服务，并配备司机，收取车费。根据当事人笔录，车辆实际所有人为郭某，驾驶人员由郭某联系并提供。

（二）法理分析

1. 案件焦点

案涉非法包车营运业务信息来源人、对外与乘客建立包车合同关系人、车辆所有人、提供驾驶劳务的人并不一致。当违法行为各环节参与人不同时，非法营运主体该如何确定？

2. 要点分析

客运合同是承运人将旅客从起运地点运输到约定地点，旅客支付运输费用的合同。对于多个主体参与的未经许可的包车客运行为，关键是通过识别实际承运人来认定非法营运主体。可以从以下几个方面识别实际承运人：

（1）业务招揽

实际承运人通常是非法营运链条的信息来源，往往以运营主体身份入驻互联网信息服务平台、旅游集散中心等来招揽业务。其在平台中往往以个人名义承接业务，且未明示其为信息中介。

（2）运输组织

在用车人与实际承运人达成包车客运合意的情况下，安排该项客运任务所需的车辆、驾驶员是承运人的基本义务。对承运合同双方主体而言，他们并不关注运输车辆所有人是谁、驾驶员由谁提供。实际承运人往往直接和车辆所有人或驾驶员联系，组织安排包车客运活动。即使车辆提供人在非法营运中实际发挥作用较大的情况下，也不宜直接将其定位为非法营运主体，否则容易造成办理类案的思路不统一。

（3）费用收取

实际承运人获取业务信息后，往往收取用车人费用或者从平台结算运输费用。但该案由并不以产生违法所得为处罚的必要条件，当事人就包车客运业务达成支付费用的合意即可。

在非法营运主体已锁定的情况下，对于非法营运车辆提供者可以依据《浙江省道路运输条例》第七十四条规定的"知道或者应当知道属于未经许可的道路运输经营行为而为其提供车辆"的情形进行查处。但在"未经许可的道路运输经营行为"尚未查证属实的情况下，不宜对车辆所有人适用该案由。

3. 结论性意见

建议以客运合同签订主体或事实合同履行主体为基本口径，锁定实际承运人作为非法营运主体。在上述参与主体复杂的包车非法营运案件中，应当全面界定实际承运人、信息中介、车辆所有人等不同主体。案例1中的李某、案例2中的B汽车租赁有限公司、案例3中的C汽车科技服务有限公司宜认定为实际承运人，从而认定其为非法营运主体。

（三）典型意义

实践中，此类案件的证据类型单一，主要违法事实认定依赖于询问笔录和微信等通信软件的聊天记录。尤其是在案件存在信息中介的情况下，容易出现证据链断裂的问题。因此，执法中应重视询问笔录制作，结合案由要件抓住必须询问的问题，并配合使用执法记录仪。抓住查处违法行为现场的时机，向驾驶员询问明确：联系其完成该次业务的人是谁，车辆是谁提供的，用车人的联系方式是谁提供的。向用车人询问明确：用车的联系人是谁，费用支付对象是谁，车辆和驾驶劳务是谁提供等相关内容。对不同主体，应当关注不同询问重点。非法营运主体认定的逻辑、证据链构建方法、责任划分思路以及执法规范化经验等，可以为其他行政执法领域提供有益的参考，推动行政执法工作的规范化、科学化和高效化。

（四）相关依据

《中华人民共和国道路运输条例》部分条款内容：

第十条 申请从事客运经营的，应当依法向市场监督管理部门办理有关登记手续后，按照下列规定提出申请并提交符合本条例第八条规定条件的相关材料：

（一）从事县级行政区域内和毗邻县行政区域间客运经营的，向所在地县级人民政府交通运输主管部门提出申请；

（二）从事省际、市际、县际（除毗邻县行政区域间外）客运经营的，向所在地设区的市级人民政府交通运输主管部门提出申请；

（三）在直辖市申请从事客运经营的，向所在地直辖市人民政府确定的交通运输主管部门提出申请。

依照前款规定收到申请的交通运输主管部门，应当自受理申请之日起20日内审查完毕，作出许可或者不予许可的决定。予以许可的，向申请人颁发道路运输经营许可证，并向申请人投入运输的车辆配发车辆营运证；不予许可的，应当书面通知申请人并说明理由。

对从事省际和市际客运经营的申请，收到申请的交通运输主管部门依照本条第二款规定颁发道路运输经营许可证前，应当与运输线路目的地的相应交通运输主管部门协商，协商不成的，应当按程序报省、自治区、直辖市人民政府交通运输主管部门协商决定。对从事设区的市内毗邻县客运经营的申请，有关交通运输主管部门应当进行协商，协商不成的，报所在地市级人民政府交通运输主管部门决定。

第六十三条　违反本条例的规定，有下列情形之一的，由县级以上地方人民政府交通运输主管部门责令停止经营，并处罚款；构成犯罪的，依法追究刑事责任：

（一）未取得道路运输经营许可，擅自从事道路普通货物运输经营，违法所得超过1万元的，没收违法所得，处违法所得1倍以上5倍以下的罚款；没有违法所得或者违法所得不足1万元的，处3000元以上1万元以下的罚款，情节严重的，处1万元以上5万元以下的罚款；

（二）未取得道路运输经营许可，擅自从事道路客运经营，违法所得超过2万元的，没收违法所得，处违法所得2倍以上10倍以下的罚款；没有违法所得或者违法所得不足2万元的，处1万元以上10万元以下的罚款；

（三）未取得道路运输经营许可，擅自从事道路危险货物运输经营，违法所得超过 2 万元的，没收违法所得，处违法所得 2 倍以上 10 倍以下的罚款；没有违法所得或者违法所得不足 2 万元的，处 3 万元以上 10 万元以下的罚款。

《道路旅客运输及客运站管理规定》（2022 年修正）部分条款内容：

第三条　本规定所称道路客运经营，是指使用客车运送旅客、为社会公众提供服务、具有商业性质的道路客运活动，包括班车（加班车）客运、包车客运、旅游客运。

（一）班车客运是指客车在城乡道路上按照固定的线路、时间、站点、班次运行的一种客运方式。加班车客运是班车客运的一种补充形式，是在客运班车不能满足需要或者无法正常运营时，临时增加或者调配客车按客运班车的线路、站点运行的方式。

（二）包车客运是指以运送团体旅客为目的，将客车包租给用户安排使用，提供驾驶劳务，按照约定的起始地、目的地和路线行驶，由包车用户统一支付费用的一种客运方式。

（三）旅游客运是指以运送旅游观光的旅客为目的，在旅游景区内运营或者其线路至少有一端在旅游景区（点）的一种客运方式。

第三十四条　客运经营者应当按照交通运输主管部门决定的许可事项从事客运经营活动，不得转让、出租道路运输经营许可证件。

第九十三条　违反本规定，有下列行为之一的，由交通运输主管部门责令停止经营；有违法所得的，没收违法所得，处违法所得 2 倍以上 10 倍以下的罚款；没有违法所得或者违法所得不足 2 万元的，处 3 万元以上 10 万元以下的罚款；构成犯罪的，依法追究刑事责任：

（一）未取得道路客运经营许可，擅自从事道路客运经营的；

（二）未取得道路客运班线经营许可，擅自从事班车客运经营的；

（三）使用失效、伪造、变造、被注销等无效的道路客运许可证件从事道路客运经营的；

（四）超越许可事项，从事道路客运经营的。

《浙江省道路运输条例》部分条款内容：

第七十四条　知道或者应当知道属于未经许可的道路运输经营行为而为其提供车辆的，由交通运输主管部门责令停止违法行为，没收违法所得，并处二千元以上二万元以下罚款。

3 网约车违规定性分析及新兴业态监管路径问题

（一）相关案例

【案例1】2022年，某网络预约平台安排某车以"城际专线"名义从事客运经营，该车近6个月来主要从事城际运输，且呈现运行线路相对固定、运费相对固定、一趟运载多批乘客的特征。

【案例2】2023年，执法部门收到关于某客车承揽散客及包车跑班线营运的举报。经调查该车已取得省际包车客运许可，长期在省内两个城市之间往返，以方便就医群体为主，每趟行程均申请客运包车标志牌，并附有包车合同及乘客名单，行程路线、站点、发车时间近似，但从近3个月行驶轨迹来看，车辆运行时间、途经点并不固定，也未被安排班次。驾驶员工资由客运公司支付。

（二）法理分析

1. 案件焦点

案件是否符合《道路旅客运输及客运站管理规定》中关于班车客运"按照固定的线路、时间、站点、班次运行"的情形？其行为能否认定为"未取得道路客运班线经营许可，擅自从事班车客运经营"？

2. 要点分析

道路旅客运输经营是指单位或者个人用汽车为他人提供道路旅客运输

服务的经营活动，包括班车客运、包车客运、公共汽车客运、出租车客运（含巡游出租车客运和网约出租车客运）等方式。取得道路运输经营许可证的客运经营者应当按照相应的许可内容开展旅客运输活动。现从 3 个层面对上述两个案例进行分析：

（1）实际开展的客运行为是否属于已取得相应许可的客运活动

案例 1 中网络预约平台已经取得网络预约出租汽车经营许可，需要认定案涉行为是否符合《网络预约出租汽车运营服务规范》规定的"按乘客意愿行驶，根据行驶里程、行驶时间或约定计费"等网约车经营服务特征。案例 1 中以"城际专线"名义运营的网约车并不符合上述特征，其客运行为不属于网络预约出租汽车经营活动。

案例 2 中客运公司已经取得省际包车客运许可，需要认定案涉行为是否符合《道路旅客运输及客运站管理规定》中的"以运送团体旅客为目的，将客车包租给用户安排使用，提供驾驶劳务，按照约定的起始地、目的地和路线行驶，由包车用户统一支付费用"等包车客运特征。案例 2 中的包车运输行为符合上述特征，且客运包车标志牌、包车合同及乘客名单均与实际运输行为相符，因就医等需求具有团体性，属于包车客运经营活动。

（2）客运行为是否符合班车客运的特征

案例 1 中的客运经营活动符合《道路旅客运输及客运站管理规定》中关于班车客运"按照固定的线路、时间、站点、班次运行"的特征，这一点在行政诉讼一审、二审、再审中亦予以认可。

案例 2 中取得包车客运许可的公司在符合包车客运监管要求的前提下从事城际往返运输，虽呈现运行路线相对固定、运费相对固定、一趟运载多批乘客的特征，但亦应认定为包车客运。且相关调查显示，该客车为不定点、定线、定时、定班次运营，不符合班车客运特征。

（3）注意区分客运行为违反客运管理具体要求与非法营运的关系

案例 2 中即使存在客运包车未持有效的包车客运标志牌进行经营、招揽包车合同以外的旅客乘车等违反法定要求的行为，也应当依照《道路旅客运输及客运站管理规定》予以处罚。在不符合班车客运构成要件的情况

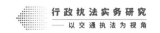

下，不能将其认定为班车非法营运。

3. 结论性意见

案例1构成班车非法营运。网约车平台未取得道路客运班线经营许可，以固定线路、运费、班次模式运营，已脱离网约车服务范畴，构成班车非法营运，符合《道路旅客运输及客运站管理规定》第九十三条的处罚要件。

案例2不构成班车非法营运。包车客运虽存在路线重复，但未形成固定班次，且包车合同、乘客名单符合团体运输特征，不构成班车非法营运，符合法律对包车客运的包容性解释，因此对客运公司的合法包车客运行为不应予以处罚。

（三）典型意义

执法人员应当准确区分网络预约出租汽车经营、班线客运经营、包车客运经营的法律特征，依法治理网约车、客运包车违法从事班线客运问题。在已经取得包车客运许可且符合包车客运要件的情况下，即使包车客运与定制班线部分特征存在一定竞合，也应当认定为合法的包车客运。

同时，非法营运案件的查处逻辑对跨领域行政执法具有重要借鉴价值，特别是在穿透式行为定性方面。执法中需通过实际行为特征而非表面形式锁定违法本质，比如：在市场监管领域中，某企业以信息咨询名义从事无证金融业务，需从资金流向、合同条款等穿透其非法经营实质；在环保领域中，某工厂以废料再利用掩盖非法排污，需结合污染物种类、处理工艺等判定违法性质。这一思路为推动行政执法从"形式合规"转向"实质正义"，破解"合法外衣掩盖非法目的"的复杂违法形态提供方法论支撑。

（四）相关依据

《中华人民共和国道路运输条例》部分条款内容：

第十九条　从事包车客运的，应当按照约定的起始地、目的地和线路运输。

从事旅游客运的，应当在旅游区域按照旅游线路运输。

《浙江省道路运输条例》部分条款内容：

　　第九条　包车客运（包括非定线旅游客运，下同）经营者应当持包车合同，按照约定的车辆、时间、起讫地和线路营运，不得招揽包车合同以外的旅客乘车。

　　从事跨省、设区的市行政区域的包车客运经营者应当通过道路运输监管平台向车籍地交通运输主管部门报送包车合同，由车籍地交通运输主管部门配发当次有效的包车客运标志牌。包车客运标志牌可以采用电子标志牌形式。

　　《道路旅客运输及客运站管理规定》（2023年修正）部分条款内容：

　　第三条第一款　本规定所称道路客运经营，是指使用客车运送旅客、为社会公众提供服务、具有商业性质的道路客运活动，包括班车（加班车）客运、包车客运、旅游客运。

　　（一）班车客运是指客车在城乡道路上按照固定的线路、时间、站点、班次运行的一种客运方式。加班车客运是班车客运的一种补充形式，是在客运班车不能满足需要或者无法正常运营时，临时增加或者调配客车按客运班车的线路、站点运行的方式。

　　（二）包车客运是指以运送团体旅客为目的，将客车包租给用户安排使用，提供驾驶劳务，按照约定的起始地、目的地和路线行驶，由包车用户统一支付费用的一种客运方式。

　　（三）旅游客运是指以运送旅游观光的旅客为目的，在旅游景区内运营或者其线路至少有一端在旅游景区（点）的一种客运方式。

　　第九条　包车客运按照经营区域分为省际包车客运和省内包车客运。

　　省级人民政府交通运输主管部门可以根据实际需要，将省内包车客运分为市际包车客运、县际包车客运和县内包车客运并实行分类管理。

　　包车客运经营者可以向下兼容包车客运业务。

　　第五十七条　客运包车应当凭车籍所在地交通运输主管部门配发的包车客运标志牌，按照约定的时间、起始地、目的地和线路运行，并持有包车合同，不得招揽包车合同外的旅客乘车。

　　客运包车除执行交通运输主管部门下达的紧急包车任务外，其线路一端应当在车籍所在的设区的市，单个运次不超过 15 日。

第九十三条　违反本规定，有下列行为之一的，由交通运输主管部门责令停止经营；违法所得超过 2 万元的，没收违法所得，处违法所得 2 倍以上 10 倍以下的罚款；没有违法所得或者违法所得不足 2 万元的，处 1 万元以上 10 万元以下的罚款；构成犯罪的，依法追究刑事责任：

（一）未取得道路客运经营许可，擅自从事道路客运经营的；

（二）未取得道路客运班线经营许可，擅自从事班车客运经营的；

（三）使用失效、伪造、变造、被注销等无效的道路客运许可证件从事道路客运经营的；

（四）超越许可事项，从事道路客运经营的。

第九十九条　违反本规定，客运经营者有下列情形之一的，由交通运输主管部门责令改正，处 1000 元以上 2000 元以下的罚款：

（一）客运班车不按照批准的配客站点停靠或者不按照规定的线路、日发班次下限行驶的；

（二）加班车、顶班车、接驳车无正当理由不按照规定的线路、站点运行的；

（三）擅自将旅客移交他人运输的；

（四）在旅客运输途中擅自变更运输车辆的；

（五）未报告原许可机关，擅自终止道路客运经营的；

（六）客运包车未持有效的包车客运标志牌进行经营的，不按照包车客运标志牌载明的事项运行的，线路两端均不在车籍所在地的，招揽包车合同以外的旅客乘车的；

（七）开展定制客运未按照规定备案的；

（八）未按照规定在发车前对旅客进行安全事项告知的。

违反前款第（一）至（五）项规定，情节严重的，由原许可机关吊销相应许可。

客运经营者强行招揽旅客的，由交通运输主管部门责令改正，处 1000 元以上 3000 元以下的罚款；情节严重的，由原许可机关吊销相应许可。

4 客运包车线路界定争议中许可地域效力审查问题

（一）相关案例

A市某运输公司指派驾驶员张某驾驶大型普通客车（空车）从A市出发，在B市搭载由某旅行社组织的包车乘客，前往C市开展旅游活动。其中A市、B市、C市均为设区的市，该车在B市搭载乘客时被B市交通行政执法人员查获。经查，涉案车辆具有真实有效的省际包车的道路运输证及"A市—C市"的省际包车客运标志牌（途经地为B市）。

（二）法理分析

1. 案件焦点

本次运输是否属于《道路旅客运输及客运站管理规定》第九十九条第一款第六项规定中应当予以处罚的客运包车"线路两端均不在车籍所在地"的情形？"线路两端"是以实际接送团的线路为准，还是以包车客运标志牌上注明的线路两端为准？

针对上述焦点问题，实践中存在以下分歧意见。

第一种意见：包车客运标志牌核定的线路具有法律效力，标志牌所载线路与实际运行线路一致，不应视为违法，故不应处罚。

A市客车具有"A市—C市"的省际包车客运标志牌（途经地为B市），其从A市空车出发，途经B市载客，前往目的地C市，起始地、途经地、目的地均与包车客运标志牌相符，不应处罚。

第二种意见：包车客运标志牌核定的线路与实际运营线路不一致，应当依据乘客起运地和实际线路认定违法行为，故应当处罚。

本案例为包车异地经营的典型违法模式。实际包车线路两端为 B 市、C 市，受《道路旅客运输及客运站管理规定》中包车车籍地规定限制，除 B 市、C 市外的第三地客车不能进行该次运输。但 A 市客车依据虚假合同（合同上 A 市为乘客起运地，实际起运地为 B 市）取得"A 市—C 市"包车标志牌，并在途经地 B 市载客，违反《道路旅客运输及客运站管理规定》第九十九条第一款第六项规定，应予处罚。

2. 要点分析

①"未搭载旅客的空车行驶"不属于《道路旅客运输及客运站管理规定》所称的"道路客运经营"，当然也不属于"道路客运经营"种类之一的"包车客运"。依据《道路旅客运输及客运站管理规定》第三条规定，包车客运属于道路客运经营的一种类型，而道路客运经营必须同时具备"用客车运送旅客""为社会公众提供服务""具有商业性质""活动实施地为道路"四大要素，缺一不可。因此，"未搭载旅客的空车行驶"不属于"包车客运"。

②包车客运标志牌所核准的起始地是指承运人搭载旅客的起运地点。依据《中华人民共和国民法典》规定，运输合同分为客运合同、货运合同及多式联运合同，包车运输合同属于客运合同。而依据《中华人民共和国民法典》第八百零九条"运输合同是承运人将旅客或者货物从起运地点运输到约定地点，旅客、托运人或者收货人支付票款或者运输费用的合同"之规定，包车运输合同作为运输合同的一种，包车运输合同的起始地是指承运人搭载旅客的起运地点。依据《道路旅客运输企业安全管理规范》（2023 年修正）第四十二条、第五十七条之规定，包车客运标志牌的起讫地、主要途经地应与包车合同一致。包车运输应当按照包车客运标志牌上的"约定的时间、起始地、目的地和线路运行"，而包车客运标志牌上的"起始地"，与包车合同的"起始地"一致，系指承运人搭载旅客的起

运地点。

本案中，A市某运输公司持有"A市—C市"的省际包车客运标志牌（途经地为B市），应当在起始地A市搭载旅客起运，可在途经地B市停留，并到达目的地C市。但在实际行程中，其空车从A市到达B市，此段行程不属于《道路旅客运输企业安全管理规范》所称的"道路客运经营"，当然也不属于道路客运经营种类之一的包车客运。其在B市搭载乘客，开启包车运输过程，实际上是将B市作为此趟包车运输的起运地，而约定目的地为C市，即本次包车运输的线路两端为B市、C市。案涉车辆的车籍地是A市，其虽持有"A市—C市"的省际包车客运标志牌，却实施了从B市到C市的包车经营行为，构成"客运包车线路两端均不在车籍所在地"。

③包车客运标志牌的途经地不能作为搭载旅客的起运地。首先，依据《道路旅客运输及客运站管理规定》第三条之规定，"路线"对应包车客运标志牌中的"主要途经地"，是根据包车用户的实际需要所选定的停留地，是用于旅游或休闲的停留地，而非搭载旅客的起运地。由于途经地没有车籍地限制，可以依据合同随意选取，如果将途经地作为搭载旅客的起运地，那所有包车线路均不再受车籍地限制。

试以本案举例而言，本案包车乘客的实际线路为B市—C市，线路两端为B市、C市，根据上述"其线路一端应当在车籍所在的设区的市"之规定，换言之，此趟B市—C市的包车运输，只能由车籍地为B市的客车（其包车客运标志牌由B市交通主管部门核发）或车籍地为C市的客车（其包车客运标志牌由C市交通主管部门核发）完成。本案中车籍地为A市的客车，受"其线路一端应当在车籍所在的设区的市"之规定限制，不具备完成此趟运输任务的条件，除非其执行交通运输主管部门下达的紧急包车任务。因此，A市客车持有"A市—C市"的包车客运标志牌，却在途经地B市组织载客，并前往目的地C市，完成实际线路为B市—C市的包车运输，显然违反《道路旅客运输及客运站管理规定》第五十七条第二款之规定。换言之，包车客运标志牌的途经地不能作为搭载旅客的起运地。

3. 结论性意见

本案应当以"客运包车线路两端均不在车籍所在地"进行处罚。按实际线路认定可以有效打击异地经营，且更具操作性。

（三）典型意义

《道路旅客运输及客运站管理规定》对包车客运采用线路一端应在车籍所在地的管理模式，其目的在于强化车籍地交通运输主管部门对企业和车辆的监管。企业有管理驾驶员的主体责任，驾驶员需要定期接受企业的教育培训。线路任何一端都不在车籍地的包车运输不符合包车客运管理模式要求。若所有包车客运车辆可在全国各地任意开展包车业务，包车企业和车辆将得不到有效监管，存在极大的安全隐患，乘客的合法权益也得不到保障。

同时，本案彰显的"立法本意穿透式审查"方法对各类行政执法具有基准价值。市场监管领域处理《中华人民共和国反垄断法》第二十二条滥用市场支配地位案件时，须穿透法律形式直达"维护公平竞争"的立法内核，优先采用责令限期改正而非直接处罚，避免将竞争规制异化为惩罚工具。城市管理执法中适用《城市管理执法办法》查处违法建设时，应立足"保障城市规划实施"的立法宗旨，对历史成因复杂的存量违建，参照《中华人民共和国行政强制法》第四十二条探索分类处置方案，避免"一刀切"拆除激化社会矛盾。生态环境执法中适用《中华人民共和国环境保护法》第五十九条按日计罚规定时，必须紧扣"督促改正违法行为"的核心目的，对于已主动整改并消除污染后果的企业，应依据《中华人民共和国行政处罚法》第三十三条按首违不罚规则终止处罚，防止将惩戒性制度异化为创收手段等。

（四）相关依据

《中华人民共和国民法典》部分条款内容：

第八百零九条　运输合同是承运人将旅客或者货物从起运地点运输到

约定地点，旅客、托运人或者收货人支付票款或者运输费用的合同。

《道路旅客运输及客运站管理规定》（2023 年修正）部分条款内容：

第三条　本规定所称道路客运经营，是指使用客车运送旅客、为社会公众提供服务、具有商业性质的道路客运活动，包括班车（加班车）客运、包车客运、旅游客运。

（一）班车客运是指客车在城乡道路上按照固定的线路、时间、站点、班次运行的一种客运方式。加班车客运是班车客运的一种补充形式，是在客运班车不能满足需要或者无法正常运营时，临时增加或者调配客车按客运班车的线路、站点运行的方式。

（二）包车客运是指以运送团体旅客为目的，将客车包租给用户安排使用，提供驾驶劳务，按照约定的起始地、目的地和路线行驶，由包车用户统一支付费用的一种客运方式。

（三）旅游客运是指以运送旅游观光的旅客为目的，在旅游景区内运营或者其线路至少有一端在旅游景区（点）的一种客运方式。

本规定所称客运站经营，是指以站场设施为依托，为道路客运经营者和旅客提供有关运输服务的经营活动。

第五十七条　客运包车应当凭车籍所在地交通运输主管部门配发的包车客运标志牌，按照约定的时间、起始地、目的地和线路运行，并持有包车合同，不得招揽包车合同外的旅客乘车。

客运包车除执行交通运输主管部门下达的紧急包车任务外，其线路一端应当在车籍所在的设区的市，单个运次不超过 15 日。

第九十九条　违反本规定，客运经营者有下列情形之一的，由交通运输主管部门责令改正，处 1000 元以上 2000 元以下的罚款：

（一）客运班车不按照批准的配客站点停靠或者不按照规定的线路、日发班次下限行驶的；

（二）加班车、顶班车、接驳车无正当理由不按照规定的线路、站点运行的；

（三）擅自将旅客移交他人运输的；

（四）在旅客运输途中擅自变更运输车辆的；

（五）未报告原许可机关，擅自终止道路客运经营的；

（六）客运包车未持有效的包车客运标志牌进行经营的，不按照包车客运标志牌载明的事项运行的，线路两端均不在车籍所在地的，招揽包车合同以外的旅客乘车的；

（七）开展定制客运未按照规定备案的；

（八）未按照规定在发车前对旅客进行安全事项告知的。

违反前款第（一）至（五）项规定，情节严重的，由原许可机关吊销相应许可。

客运经营者强行招揽旅客的，由交通运输主管部门责令改正，处1000元以上3000元以下的罚款；情节严重的，由原许可机关吊销相应许可。

《道路旅客运输企业安全管理规范》部分条款内容：

第四十二条　从事包车客运的客运企业应当建立包车客运标志牌统一管理制度。客运企业应当按规定将从事省际包车业务的客运车辆、客运驾驶员、起讫地、主要途经地等信息和包车合同通过道路运政管理信息系统（包车客运信息管理功能模块）向车籍地交通运输主管部门报送。车籍地交通运输主管部门应当对起讫地、主要途经地等是否与包车合同衔接一致进行审核。审核通过后，客运企业方可打印包车客运标志牌并加盖公章，开展相关包车客运业务。客运企业应当指定专人签发包车客运标志牌，领用人应当签字登记，结束运输任务后及时交回客运标志牌。客运企业不得发放空白包车客运标志牌。从事省内包车客运的应当落实省级人民政府交通运输主管部门关于省内包车客运管理的有关规定。

定线通勤包车可根据合同进行定期审核，使用定期（月、季、年）包车客运标志牌，最长不得超过12个月。

5　客车类型标准判定中技术标准优先适用问题

（一）相关案例

某县交通运输执法部门在执法中发现，道路客运经营者未取得道路客运经营许可，故涉案车辆无道路运输证。该涉案车辆核载19人，实载19人，且机动车行驶证上记载的客车类型是大型客车，与《营运客车类型划分及等级评定》不一致。机动车行驶证上记载的车长和实际测量车长均为7.3米，按照《营运客车类型划分及等级评定》应认定为中型客车（中型客车车长大于6米且小于等于9米）。

（二）法理分析

1. 案件焦点

执法人员在违法情形和程度认定上存在较大分歧，该如何判定客车类型？

针对上述焦点问题，实践中存在以下分歧意见。

第一种意见：客车类型应参照《营运客车类型划分及等级评定》来判定。《浙江省交通运输行政处罚裁量基准（2023年版）》在关于"未取得道路运输经营许可，擅自从事道路运输经营"的案由备注中载明："2. 客车类型参照《营运客车类型划分及等级评定》判别（小型客车车长小于等于6米，中型客车车长大于6米且小于等于9米，大型客车车长大于9米

且小于等于 12 米）。"

第二种意见：因该案件车辆无道路运输证，客车类型应参照机动车行驶证来判定。机动车行驶证是准予机动车在我国境内道路上行驶的法定证件，上面载明了车辆类型信息。

2. 要点分析

①按照《营运客车类型划分及等级评定》判定客车类型具有法定依据。根据《道路运输车辆技术管理规定》（交通运输部令〔2023〕3 号）第七条规定，客车的类型等级应当符合国家有关营运客车类型等级评定的要求。

②《浙江省交通运输行政处罚裁量基准（2023 年版）》已明确客车类型判别的依据标准为《营运客车类型划分及等级评定》。根据《中华人民共和国行政处罚法》第三十四条规定，行政机关可以依法制定行政处罚裁量基准，规范行使行政处罚裁量权。行政处罚裁量基准应当向社会公布。《浙江省交通运输行政处罚裁量基准（2023 年版）》已向社会公布，载明客车类型判别依据标准，在行使行政裁量权时应予遵循。

③行政处罚应当遵循过罚相当的原则。该案实际测量车长为 7.3 米，如果按《营运客车类型划分及等级评定》判定为中型客车，违法程度较轻，处 1 万元罚款；如果按机动车行驶证判定为大型客车，违法程度一般，处 4 万元罚款。实施行政处罚应当坚持既不轻过重罚，也不重过轻罚，避免畸轻畸重的不合理、不公正的情况。若处 4 万元罚款，不仅有"过罚不当"之嫌，也不利于后续罚款的执行。

3. 结论性意见

当机动车行驶证客车类型与《营运客车类型划分及等级评定》不一致时，客车类型应参照《营运客车类型划分及等级评定》判定。

（三）典型意义

行政执法机关在作出行政处罚时应遵循公正、公开的原则。设定和实施行政处罚必须以事实为依据，与违法行为的事实、性质、情节以及社会危害程度相当。制定行政裁量权基准的目的是防止和制止行政裁量权的滥用，压缩行政裁量权的空间，以解决行政执法中存在的畸轻畸重、类案不同罚、执法"一刀切"等问题。本案中，行政机关作出行政处罚应当执行行政处罚裁量基准，保障行政执法的公正性、合理性和合法性。

同时，本案确立的"技术标准优先适用"原则对多领域执法具有示范价值。在生态环境执法中，当企业排污许可证记载的排放浓度与《污水综合排放标准》（GB 8978—1996）数值冲突时，应依据国家标准进行实质判定，避免机械采信行政登记数据（参见最高法行申 3562 号案例）；在市场监管领域，查处食品标签标识违法时，须以食品安全国家标准替代企业自行标注内容作为处罚依据，落实《中华人民共和国食品安全法》第二十五条的强制标准要求；在自然资源执法中，对采矿许可证登记面积与《固体矿产资源储量分类》标准（GB/T 17766—2020）存在差异的，应依据国家标准重新核定越界开采量，体现《中华人民共和国矿产资源法》第三十九条的立法本意。通过构建"技术标准—法律规范—裁量基准"三位一体的执法体系，有效破解行政登记与技术标准冲突难题，实现《法治政府建设实施纲要（2021—2025 年）》中"标准化执法"的改革目标。

（四）相关依据

《中华人民共和国行政处罚法》部分条款内容：

第三十四条　行政机关可以依法制定行政处罚裁量基准，规范行使行政处罚裁量权。行政处罚裁量基准应当向社会公布。

《道路运输车辆技术管理规定》部分条款内容：

第七条　从事道路运输经营的车辆应当符合下列技术要求：

（一）车辆的外廓尺寸、轴荷和最大允许总质量应当符合《汽车、挂车及汽车列车外廓尺寸、轴荷及质量限值》（GB 1589）的要求。

（二）车辆的技术性能应当符合《机动车安全技术检验项目和方法》（GB 38900）以及依法制定的保障营运车辆安全生产的国家标准或者行业标准的要求。

（三）车型的燃料消耗量限值应当符合依法制定的关于营运车辆燃料消耗限值标准的要求。

（四）车辆（挂车除外）的技术等级应当符合国家有关道路运输车辆技术等级评定的要求，达到二级以上。危货车、国际道路运输车辆以及从事一类和二类客运班线、包车客运的客车，技术等级应当达到一级。

（五）客车的类型等级应当符合国家有关营运客车类型等级评定的要求，达到普通级以上。从事一类和二类客运班线、包车客运、国际道路旅客运输的客车的类型等级应当达到中级以上。

第二十七条　交通运输主管部门应当将车辆技术等级情况、客车类型等级情况纳入道路运输车辆年度审验内容。

第二十九条　交通运输主管部门应当依托道路运政管理信息系统建立车辆管理档案，及时更新档案内容，实现全国道路运输车辆管理档案信息共享。

档案内容主要包括：车辆基本信息，道路运输达标车辆核查记录表，机动车检验检测报告（含车辆技术等级），客车类型等级审验、车辆变更等记录。

6 危化品运输主体认定及法律竞合处理规则问题

（一）相关案例

罗某购买了一辆面包车，并把后排座位拆除与行李厢相连，用于在城区内运输液化气罐，结果在运输途中被某交通运输部门查获。交通运输部门对于能否对罗某进行行政处罚，存在不同意见。

（二）法理分析

1. 案件焦点

面包车未经许可运输危险化学品，交通运输部门对其能否进行行政处罚？

针对上述焦点问题，实践中存在以下两种分歧意见。

第一种意见：交通运输部门不能进行行政处罚。理由：《道路危险货物运输管理规定》第三条第二款规定："本规定所称道路危险货物运输，是指使用载货汽车通过道路运输危险货物的作业全过程。"根据车辆分类，面包车属于客车，不属于载货汽车。因此，不能根据《道路危险货物运输管理规定》对面包车运输危险货物进行处罚，即交通运输部门不能对罗某实施行政处罚。

第二种意见：交通运输部门对危险货物运输拥有执法权，可以适用《中华人民共和国道路运输条例》《危险化学品安全管理条例》等规定进行处罚，以实现交通运输部门的行政管理职责。

2. 要点分析

①从事危险化学品道路运输应当取得危险货物道路运输许可，相应车辆应当取得对应的道路运输证。根据《危险化学品安全管理条例》第六条、第四十三条等规定，交通运输主管部门具有负责危险化学品道路运输许可以及运输工具的安全管理职责。从事危险化学品道路运输的，应当依照有关道路运输的法律、行政法规的规定，取得危险货物道路运输许可，并向市场监督管理部门办理登记手续。具体依据《道路危险货物运输管理规定》申请取得道路危险货物运输经营许可、道路运输证。

②交通运输部门对未经许可运输危险化学品的违法行为进行处罚具有法定依据。针对案涉运输危险物品行为，可适用《中华人民共和国道路运输条例》第六十三条第三项进行处理，该条款明确规定："违反本条例的规定，有下列情形之一的，由县级以上地方人民政府交通运输主管部门责令停止经营，并处罚款；构成犯罪的，依法追究刑事责任：……（三）未取得道路运输经营许可，擅自从事道路危险货物运输经营，违法所得超过2万元的，没收违法所得，处违法所得2倍以上10倍以下的罚款；没有违法所得或者违法所得不足2万元的，处3万元以上10万元以下的罚款。"该规定与《道路危险货物运输管理规定》第五十五条一致。

③对于当事人使用安全技术条件不符合国家标准要求的车辆运输危险化学品的行为，应当注意适用"一事不二罚"原则。对于使用安全技术条件不符合国家标准要求的车辆运输危险化学品的行为，《危险化学品安全管理条例》第八十八条规定"由公安机关责令改正，处5万元以上10万元以下的罚款；构成违反治安管理行为的，依法给予治安管理处罚；构成犯罪的，依法追究刑事责任"。因此，若一个违法行为同时违反《中华人民共和国道路运输条例》第六十三条、《危险化学品安全管理条例》第八十八条，应当适用《中华人民共和国行政处罚法》有关对当事人的同一个违法行为不得给予两次以上罚款处罚的规定。同一个违法行为违反多个法律规范应当给予罚款处罚的，按照罚款数额高的规定处罚。

3. 结论性意见

面包车未经许可运输危险货物，交通运输部门可适用《中华人民共和国道路运输条例》《危险化学品安全管理条例》等规定对其进行行政处罚。

（三）典型意义

在这类案件处理过程中，交通运输部门应当与公安机关加强协作，避免出现"一事二罚"的情况。本案揭示的"同一违法事实认定标准"对多领域执法具有基准价值。行为同一性判断，应采用"自然行为说"标准，以行为主体、时间、空间连续性为判断基准（参照最高法行申 8832 号裁定）；在法律竞合处理中，同位阶法律冲突适用《中华人民共和国立法法》第一百零三条的特别规定优先原则，不同位阶法律冲突依据《中华人民共和国立法法》第九十九条和第一百条的上位法优先原则。处罚措施选择：严格遵循《国务院关于进一步贯彻实施〈中华人民共和国行政处罚法〉的通知》（国发〔2021〕26 号）"择一重罚"实施。比如在数据安全监管中，企业数据泄露行为同时违反《中华人民共和国数据安全法》第四十五条与《中华人民共和国个人信息保护法》第六十六条的，应按照"特别法优于一般法"原则优先适用《中华人民共和国个人信息保护法》等。

（四）相关依据

《中华人民共和国道路运输条例》部分条款内容：

第六十三条 违反本条例的规定，有下列情形之一的，由县级以上地方人民政府交通运输主管部门责令停止经营，并处罚款；构成犯罪的，依法追究刑事责任：

（一）未取得道路运输经营许可，擅自从事道路普通货物运输经营，违法所得超过 1 万元的，没收违法所得，处违法所得 1 倍以上 5 倍以下的罚款；没有违法所得或者违法所得不足 1 万元的，处 3000 元以上 1 万元以下的罚款，情节严重的，处 1 万元以上 5 万元以下的罚款；

（二）未取得道路运输经营许可，擅自从事道路客运经营，违法所得超过 2 万元的，没收违法所得，处违法所得 2 倍以上 10 倍以下的罚款；没有违法所得或者违法所得不足 2 万元的，处 1 万元以上 10 万元以下的罚款；

（三）未取得道路运输经营许可，擅自从事道路危险货物运输经营，违法所得超过 2 万元的，没收违法所得，处违法所得 2 倍以上 10 倍以下的罚款；没有违法所得或者违法所得不足 2 万元的，处 3 万元以上 10 万元以下的罚款。

《道路危险货物运输管理规定》部分条款内容：

第三条　本规定所称危险货物，是指具有爆炸、易燃、毒害、感染、腐蚀等危险特性，在生产、经营、运输、储存、使用和处置中，容易造成人身伤亡、财产损毁或者环境污染而需要特别防护的物质和物品。危险货物以列入《危险货物道路运输规则》（JT/T 617）的为准，未列入《危险货物道路运输规则》（JT/T 617）的，以有关法律、行政法规的规定或者国务院有关部门公布的结果为准。

本规定所称道路危险货物运输，是指使用载货汽车通过道路运输危险货物的作业全过程。

本规定所称道路危险货物运输车辆，是指满足特定技术条件和要求，从事道路危险货物运输的载货汽车（以下简称专用车辆）。

第五十五条　违反本规定，有下列情形之一的，由交通运输主管部门责令停止运输经营，违法所得超过 2 万元的，没收违法所得，处违法所得 2 倍以上 10 倍以下的罚款；没有违法所得或者违法所得不足 2 万元的，处 3 万元以上 10 万元以下的罚款；构成犯罪的，依法追究刑事责任：

（一）未取得道路危险货物运输许可，擅自从事道路危险货物运输的；

（二）使用失效、伪造、变造、被注销等无效道路危险货物运输许可证件从事道路危险货物运输的；

（三）超越许可事项，从事道路危险货物运输的；

（四）非经营性道路危险货物运输单位从事道路危险货物运输经营的。

《危险化学品安全管理条例》部分条款内容：

第六条第五项　对危险化学品的生产、储存、使用、经营、运输实施安全监督管理的有关部门（以下统称负有危险化学品安全监督管理职责的部门），依照下列规定履行职责：

（五）交通运输主管部门负责危险化学品道路运输、水路运输的许可以及运输工具的安全管理，对危险化学品水路运输安全实施监督，负责危险化学品道路运输企业、水路运输企业驾驶人员、船员、装卸管理人员、押运人员、申报人员、集装箱装箱现场检查员的资格认定。铁路监管部门负责危险化学品铁路运输及其运输工具的安全管理。民用航空主管部门负责危险化学品航空运输以及航空运输企业及其运输工具的安全管理。

第四十七条　通过道路运输危险化学品的，应当按照运输车辆的核定载质量装载危险化学品，不得超载。

危险化学品运输车辆应当符合国家标准要求的安全技术条件，并按照国家有关规定定期进行安全技术检验。

危险化学品运输车辆应当悬挂或者喷涂符合国家标准要求的警示标志。

第八十五条　未依法取得危险货物道路运输许可、危险货物水路运输许可，从事危险化学品道路运输、水路运输的，分别依照有关道路运输、水路运输的法律、行政法规的规定处罚。

第八十八条　有下列情形之一的，由公安机关责令改正，处5万元以上10万元以下的罚款；构成违反治安管理行为的，依法给予治安管理处罚；构成犯罪的，依法追究刑事责任：

（一）超过运输车辆的核定载质量装载危险化学品的；

（二）使用安全技术条件不符合国家标准要求的车辆运输危险化学品的；

（三）运输危险化学品的车辆未经公安机关批准进入危险化学品运输车辆限制通行的区域的；

（四）未取得剧毒化学品道路运输通行证，通过道路运输剧毒化学品的。

7 汽车租赁服务性质争议中合同穿透审查机制问题

（一）相关案例

2023 年 8 月 1 日，A 汽车服务有限公司（简称 A 公司）与 B 新能源材料有限公司（简称 B 公司）签署《班车租赁服务协议》，约定由 A 公司提供车辆接送 B 公司员工上下班。2024 年 8 月 24 日，A 公司雇用方某驾驶车牌号为沪 CA××××的大型普通客车。在接送 B 公司员工途中，该客车被执法人员查获。A 公司经营范围为汽车租赁服务、汽车用品销售。车牌号为沪 CA××××的客车未取得车辆营运证，车辆性质为非营运。

（二）法理分析

1. 案件焦点

如何认定 A 公司与 B 公司之间的法律关系，是租赁服务还是运输服务？

针对上述焦点问题，实践中存在以下两种分歧意见。

第一种意见：A 公司行为应当认定为租赁，虽然《浙江省道路运输条例》对于汽车租赁经营者出租租赁车辆的同时提供驾驶劳务服务作了禁止性规定，但并未将租赁车辆同时提供驾驶劳务的行为定义为非法营运行为，也无规定相应罚则。

第二种意见：A 公司行为应当认定为未取得道路客运经营许可，擅自从事道路客运经营。

2. 要点分析

①车辆租赁服务与道路运输服务具有本质区别。根据《中华人民共和国民法典》第七百零三条规定，租赁服务的本质在于车辆所有权转移至承租方使用，出租方仅提供物品，服务仅限于租赁合同范畴。根据《中华人民共和国民法典》第八百零九条，运输合同的核心特征为承运人提供运输服务，实现旅客或货物运输，并由承运人承担运输责任。因此，车辆租赁服务仅提供车辆本身，使用权归承租人，占有方式由承租人决定。道路运输服务由承运人提供运输服务，车辆只是工具，且承运人负主要责任。其关键区分点在于是否存在运输服务的核心要素，即车辆调度、驾驶劳务及运输责任的承担。

②案涉行为符合道路运输服务特征。第一，车辆控制权。本案中，A公司对车辆具有全权调度权，B公司并未实际获得车辆的占有和使用权。第二，驾驶员安排。驾驶员为A公司雇用，接受其管理及调度，明显区别于普通租赁服务中的"自驾租赁"模式。第三，服务内容与履约模式。A公司提供的是按固定路线接送B公司员工的服务，与包车客运中"按照特定时间和线路提供团体运输"的特征一致。第四，责任承担与费用结算。运输责任由A公司承担，B公司支付的费用与包车客运服务形式高度重合。因此，A公司的服务具有典型的道路运输特征，其通过"租赁＋代驾"模式掩盖实质为道路运输经营的行为。依据《道路旅客运输及客运站管理规定》第三条，其行为符合包车客运的定义，且未取得道路客运经营许可。

3. 结论性意见

A公司的行为应认定为未取得道路客运经营许可，擅自从事道路客运经营，执法部门可依据《中华人民共和国道路运输条例》相关规定予以处罚具有法律依据。

（三）典型意义

行政执法应注重实质性审查，分析行为的本质特征，避免被表面合同形式误导。无论是车辆租赁活动还是道路运输活动，其本质均是民事活动。为维护公共秩序、保障人民生命财产安全，需要行政权力介入并加以规范，为不同行业设置了不同的准入门槛。这就要求执法部门查处涉及多个法律规范的违法行为时，要参照《中华人民共和国民法典》等相关规定让行政法律规范、民事法律规范两者相互衔接。

同时，本案彰显的穿透式审查方法对多领域行政执法具有基准价值。在市场监管领域，某平台以"信息撮合"名义开展网络餐饮配送，若实际控制配送时效与服务质量，应穿透合同形式认定其构成《中华人民共和国电子商务法》第九条规定的"电子商务平台经营者"，而非单纯技术服务提供者。在自然资源领域，查处非法采矿时，对以"土地复垦"名义盗采矿产资源的行为，应依据《中华人民共和国矿产资源法实施细则》第二条，以开采物的商品属性（如煤炭、稀土）而非地表形态变化认定违法本质。在金融监管中，某机构以"技术咨询"名义实质上提供证券投资建议，需穿透合同文本，根据《中华人民共和国证券法》第一百六十条认定其构成非法证券投资咨询业务。该裁判确立的"四维审查法"（合同目的、实际控制、责任承担、社会效果）为《中华人民共和国行政处罚法》第五条客观公正原则提供操作性指引，推动构建"名实相符"的现代执法体系。

（四）相关依据

《中华人民共和国民法典》部分条款内容：

第七百零三条　租赁合同是出租人将租赁物交付承租人使用、收益，承租人支付租金的合同。

第八百零九条　运输合同是承运人将旅客或者货物从起运地点运输到约定地点，旅客、托运人或者收货人支付票款或者运输费用的合同。

第八百二十三条　承运人应当对运输过程中旅客的伤亡承担赔偿责

任；但是，伤亡是旅客自身健康原因造成的或者承运人证明伤亡是旅客故意、重大过失造成的除外。

前款规定适用于按照规定免票、持优待票或者经承运人许可搭乘的无票旅客。

《道路旅客运输及客运站管理规定》部分条款内容：

第三条　本规定所称道路客运经营，是指使用客车运送旅客、为社会公众提供服务、具有商业性质的道路客运活动，包括班车（加班车）客运、包车客运、旅游客运。

（一）班车客运是指客车在城乡道路上按照固定的线路、时间、站点、班次运行的一种客运方式。加班车客运是班车客运的一种补充形式，是在客运班车不能满足需要或者无法正常运营时，临时增加或者调配客车按客运班车的线路、站点运行的方式。

（二）包车客运是指以运送团体旅客为目的，将客车包租给用户安排使用，提供驾驶劳务，按照约定的起始地、目的地和路线行驶，由包车用户统一支付费用的一种客运方式。

（三）旅游客运是指以运送旅游观光的旅客为目的，在旅游景区内运营或者其线路至少有一端在旅游景区（点）的一种客运方式。

本规定所称客运站经营，是指以站场设施为依托，为道路客运经营者和旅客提供有关运输服务的经营活动。

8 出租车拒载甩客认定中 服务行为合规审查问题

（一）相关案例

【案例1】乘客上车提出目的地后，驾驶员解释要去城北交班不顺路予以拒绝，但提出免费运送乘客至就近公交车站。路上驾驶员提起茶叶话题但乘客未作回应，最终驾驶员将乘客送至公交车站，且未收费。

【案例2】乘客上车提出目的地后，途中驾驶员提出各种理由以免费或少收费的形式诱导乘客同意到购物店看看并在附近下车，无乘客投诉的情节。

【案例3】乘客上车提出目的地后，驾驶员用话术诱导乘客至购物店附近下车，但下车点距离乘客目的地有一站多距离，有乘客投诉的情节。

（二）法理分析

1. 案件焦点

乘客上车提出目的地后，驾驶员以各种原因拒绝但愿意以免费的形式运送乘客至就近公交车站等接驳点的情节，可否认定为拒载？乘客上车提出目的地后，驾驶员用话术套路乘客至购物店附近下车，无乘客投诉的情节，可否认定为途中甩客？有乘客投诉的情节，可否认定为途中甩客？

2. 要点分析

出租汽车运输服务合同是在当事人之间成立的民事合同，其合同的成立、变更、终止应当遵循自愿原则。同时，出租汽车运输服务又是一项重要的公共服务，在风景名胜区、公共交通枢纽等特定区域特别容易发生涉嫌拒载、中途甩客等违法行为，应当加强对其行政监管。

案例1中，鉴于案发时客运出租车辆处于空车待租状态，并非暂停营业状态，在得知乘客目的地后以去交班不顺路为由拒绝提供服务，构成显示空车时拒绝载客。对此，要重点收集拒绝载客理由为虚假陈述的证据，如现场视频、行车轨迹、其他订单生成等证据。

案例2中，乘客上车提出目的地后，形式上均同意变更目的地，并无投诉的情节。对此，应当注重收集证明驾驶员虚假陈述、诱导乘客或强制乘客下车的证据，在证据不充分的情况下应当谨慎认定为途中甩客。

案例3中，乘客上车提出目的地后，驾驶员用话术诱导乘客至购物店附近下车。鉴于有乘客投诉的情节，可将其作为变更运输目的地并非双方合意的重要证据。

以上案例中识别拒载、中途甩客违法行为是否成立，无须以出租车驾驶员是否收取乘车费用作为依据。

3. 结论性意见

行政机关在固定证据、具体分析的基础上依法认定。若有确凿证据证明出租车驾驶员通过虚假陈述或诱导等方式使乘客作出非真实的意思表示，导致出租车承运合同无法达成或变更、终止，则拒载、中途甩客违法行为成立。在没有确凿证据的情况下，应当尊重双方合意，不宜认定违法行为。

同时，本案确立的"全链条证据规则"对多领域行政执法具有示范价值。在市场监管领域查处虚假广告时，需构建"广告合同—发布记录—消费者交易流水"的闭环证据链，通过《中华人民共和国电子商务法》第三十一条要求的商品和服务信息、交易信息保存固定证据。在知识产权执法中，认定商标侵权需串联"侵权商品生产—仓储—销售"各环节证据，依据《中华人民共和国商标法》第五十七条规定，通过物流单据、支付凭证与侵权实物比对锁定生产、销售等环节中的违法主体。在金融监管领域，查处非法集资需建立"资金募集宣传—投资人转账记录—资金流向分析"的完整证据体系，符合《防范和处置非法集资条例》第十九条的证据要求等。该类规定要旨为推动构建"四维证据标准"，即主体关联性（证明行为人身份）、行为完整性（固定违法行为全过程）、结果危害性（量化社会危害后果）、因果关联性（证明行为与后果的因果关系），为释明《中华人民共和国行政处罚法》第四十条和第五十四条证据确实充分之核心要件提供操作性指引，形成证据链。

（三）典型意义

视频证据作为客观证据，能够真实还原案件现场情况，是证明效力较高的证据类型。在行政相对人不配合调查的情况下，应当重视依法收集足以证明违法事实的视频证据。视频证据也有利于增强裁判者对违法事实的内心确认。

（四）相关依据

《浙江省道路运输条例》部分条款内容：

第二十四条　客运出租车驾驶人员应当遵守下列规定：

（一）持经注册的从业资格证上岗，并在车辆醒目位置放置服务监督标志；

（二）在核定的营运区域内营运，不得异地驻点营运；

（三）不得途中甩客、故意绕道，未经乘客同意不得拼载或者搭载其他乘客；

（四）巡游出租车驾驶人员按照规定使用计价器和专用待租、暂停营业标志，显示空车时不得拒绝载客；

（五）巡游出租车驾驶人员收取运费不得超过计价器明示的金额，但价格主管部门核准可以收取其他费用的除外；

（六）网约出租车驾驶人员不得巡游揽客。

巡游出租车经营者通过网络预约方式揽客的，可以按照计价器显示金额收取运费，也可以按照网约车计价规则收取运费，但应当事先在平台以醒目方式告知乘客。巡游出租车经营者按照网约车计价规则收取运费的，应当事先加入网约出租车平台，按照网约出租车相关规定从事经营活动，平台经营者依法承担承运人责任。

客运出租车驾驶人员应当保持车容整洁、卫生干净、行驶安全和车内安静等良好乘坐环境。

9 站外揽客案由适用及违法行为性质穿透问题

（一）相关案例

执法人员在收费站检查时，发现某客运车辆存在站外揽客的行为。经查实，该车辆属于本市某客运公司，司机吴某驾驶的该车辆起点为 A，讫点为 B，中间仅一停靠站点 C。而该车上的 25 名乘客均为沿途不同地点随意招揽的，且未进入客运站乘车。

（二）法理分析

1. 案件焦点

本案适用哪种案由，"不按批准的站点停靠"还是"站外揽客"？

2. 要点分析

（1）案由认定依据及区别

根据《道路旅客运输及客运站管理规定》第三十七条第一款规定，"不按批准的站点停靠"是指客运班车违反按照许可的起讫地、日发班次下限和备案的途经路线运行的规定，未在起讫地客运站点和中途停靠地客运站点上下旅客。根据《道路旅客运输及客运站管理规定》第三十七条第二款规定，"站外揽客"是指客运班车在规定的配客站点外上客或者沿途揽客，无正当理由改变途经路线。本案中，该车辆原核定路线为从 A 点出发，在 C 点停靠，B 点为终点。实际上，车辆在沿途多个地点随意揽客，且未进入客运站点进行规范化操作。所有乘客均为沿途随意招揽，未经过核定站点乘车，这属于明显的"站外揽客"行为。

（2）从优先适用特别规定和规范客运市场秩序出发，优先考虑适用站外揽客的案由

"站外揽客"和"不按批准的站点停靠"这两个案由均针对取得班车客运许可的经营主体。实践中，不按批准的站点停靠的目的往往在于站外揽客，站外揽客的行为必然涉及不按批准的站点停靠。因而，两个案由可以理解为一般规定与特别规定的关系，在构成"站外揽客"的情况下，优先适用"站外揽客"案由，应从打击站外揽客的角度规范班车客运经营。同时，客运经营者强行招揽旅客情节严重的可由原许可机关吊销相应许可。对站外揽客处罚力度越大，越能有效实现规范客运市场秩序的监管目的。

3. 结论性意见

本案适用"站外揽客"案由。本案的核心违法行为是车辆在未经批准的地点揽载乘客，违反了客运经营许可管理的基本要求，扰乱了客运市场秩序。虽然车辆没有按照核定站点停靠，但其行为实质是"站外揽客"而非"漏停站点"。因此，"站外揽客"更贴合本案实际。

（三）典型意义

执法部门需增加对沿途和重点区域的巡查频率，及时发现和查处站外揽客等违法行为，维护客运市场秩序。鉴于该类违法行为现场查处难，需要大力推进应用数字执法，运用现代化科技手段（如车辆 GPS 监控、电子站牌等）追踪客运车辆的运营路线和停靠点，发现异常及时处理。

同时，本案揭示的"法律规范竞合处理规则"对多领域执法具有普适价值。在市场监管领域，某直播平台的"打赏抽成"模式同时违反《中华人民共和国电子商务法》第三十五条与《中华人民共和国反不正当竞争法》第十二条，应按照"吸收原则"以核心违法行为定性处罚。在金融监管领域，某支付机构未取得跨境支付资质擅自开展业务，同时违反了《非

银行支付机构监督管理条例》第十六条与《中华人民共和国外汇管理条例》第三十九条，应依据《中华人民共和国立法法》第一百零三条"特别法优于一般法"原则处理。数据安全执法中，企业数据泄露同时触犯《中华人民共和国数据安全法》第四十五条与《中华人民共和国个人信息保护法》第六十六条的，需根据违法行为侵害法益的主次性（公共数据安全与个人权益保护）选择适用条款。该规则确立的"三阶竞合处理模型"（法律位阶审查→特别法识别→法益优先性判断）为《中华人民共和国行政处罚法》第二十九条"一事不二罚"提供操作范式。

（四）相关依据

《道路旅客运输及客运站管理规定》部分条款内容：

第三条　本规定所称道路客运经营，是指使用客车运送旅客、为社会公众提供服务、具有商业性质的道路客运活动，包括班车（加班车）客运、包车客运、旅游客运。

（一）班车客运是指客车在城乡道路上按照固定的线路、时间、站点、班次运行的一种客运方式。加班车客运是班车客运的一种补充形式，是在客运班车不能满足需要或者无法正常运营时，临时增加或者调配客车按客运班车的线路、站点运行的方式。

（二）包车客运是指以运送团体旅客为目的，将客车包租给用户安排使用，提供驾驶劳务，按照约定的起始地、目的地和路线行驶，由包车用户统一支付费用的一种客运方式。

（三）旅游客运是指以运送旅游观光的旅客为目的，在旅游景区内运营或者其线路至少有一端在旅游景区（点）的一种客运方式。

本规定所称客运站经营，是指以站场设施为依托，为道路客运经营者和旅客提供有关运输服务的经营活动。

第三十七条　客运班车应当按照许可的起讫地、日发班次下限和备案的途经路线运行，在起讫地客运站点和中途停靠地客运站点（以下统称配客站点）上下旅客。

客运班车不得在规定的配客站点外上客或者沿途揽客，无正当理由不得改变途经路线。客运班车在遵守道路交通安全、城市管理相关法规的前提下，可以在起讫地、中途停靠地所在的城市市区、县城城区沿途下客。

重大活动期间，客运班车应当按照相关交通运输主管部门指定的配客站点上下旅客。

第九十九条　违反本规定，客运经营者有下列情形之一的，由交通运输主管部门责令改正，处 1000 元以上 2000 元以下的罚款：

（一）客运班车不按照批准的配客站点停靠或者不按照规定的线路、日发班次下限行驶的；

（二）加班车、顶班车、接驳车无正当理由不按照规定的线路、站点运行的；

（三）擅自将旅客移交他人运输的；

（四）在旅客运输途中擅自变更运输车辆的；

（五）未报告原许可机关，擅自终止道路客运经营的；

（六）客运包车未持有效的包车客运标志牌进行经营的，不按照包车客运标志牌载明的事项运行的，线路两端均不在车籍所在地的，招揽包车合同以外的旅客乘车的；

（七）开展定制客运未按照规定备案的；

（八）未按照规定在发车前对旅客进行安全事项告知的。

违反前款第（一）至（五）项规定，情节严重的，由原许可机关吊销相应许可。

客运经营者强行招揽旅客的，由交通运输主管部门责令改正，处 1000 元以上 3000 元以下的罚款；情节严重的，由原许可机关吊销相应许可。

10 网约车租赁监管难点及平台责任边界界定问题

（一）相关案例

网约车运行市场中出现租赁公司为租赁车辆办理网络预约出租汽车运输证，驾驶员将租赁车辆用于网约车经营的现象。驾驶员与租赁公司签订的合同大致分为两类：一类为不约定运营平台，但约定网约车使用用途的租赁合同；一类为约定运营平台、运营时长、奖惩模式等内容的租赁合同。

（二）法理分析

1. 案件焦点

此类租赁行为是否属于汽车租赁经营行为？若不属于汽车租赁经营行为，是否由交通运输部门管理？

2. 要点分析

（1）案涉情形不符合小微型客车租赁经营服务特征

根据《浙江省道路运输条例》第五十七条，《小微型客车租赁经营服务管理办法》第二条、第六条规定，"小微型客车租赁经营服务"是指小微型客车租赁经营者与承租人订立租赁合同，将9座及以下的小微型客车交付承租人使用，收取租赁费用的经营活动。从事汽车租赁经营服务应当根据相关法律法规规定办理备案，适用汽车租赁经营管理的车辆应当经检验合格且登记的使用性质为租赁。案涉情形中租赁车辆为营运车辆，并不符合相关要求。

（2）对相关主体应适用网约车运营规定进行监管

《小微型客车租赁经营服务管理办法》第十八条规定，机动车使用性质登记为租赁的小微型客车不得擅自用于道路运输经营。利用租赁小微型客车从事道路运输经营的，应当先按照道路运输经营相关管理规定办理行政许可和机动车使用性质变更手续。依据《网络预约出租汽车经营服务管理暂行办法》第十二条、第十三条等规定，申请用于网约出租车经营的车辆，应当具备相应条件，车辆登记使用性质为"预约出租客运"。网络预约出租汽车运输证由车辆所有人申请取得，载明车辆经营服务类型、经营区域等内容。因此，网约出租车在运营过程中其申请人应当接受交通运输主管部门对网络预约出租汽车运输证的监管。从事客运出租汽车服务的驾驶员应当取得客运出租汽车驾驶员从业资格证，其与车辆所有人之间的法律关系可理解为租赁形式的承包经营关系。交通运输主管部门对相关主体应适用网约车运营规定进行监管，不再适用汽车租赁关系进行监管。

3. 结论性意见

本案情形属车辆所有人与驾驶人员之间关于道路运输经营的租赁承包经营关系，不属于从事汽车租赁经营服务产生的租赁关系。交通运输主管部门对相关主体应适用网约车运营规定进行监管。

（三）典型意义

网约车市场中的车辆和驾驶员关系愈加复杂，交通运输主管部门需关注新兴经营模式，通过适配相应的监管措施，促进行业健康发展。同时，传统汽车租赁经营与网约车运营的界限需要进一步厘清。对于涉及营运性质的租赁车辆，应依据交通运输法规进行监管，避免管理职责模糊化。本案揭示了在行政执法过程中，行政机关要注意梳理各个行为主体之间的不同法律关系并作出认定，具有一定的示范价值。

（四）相关依据

《浙江省道路运输条例》部分条款内容：

第五十七条　从事汽车租赁经营的，应当在依法取得营业执照之日起二十日内将营业执照报送市、县交通运输主管部门备案；用于租赁经营的车辆应当在依法登记之日起十日内将车辆信息报送市、县交通运输主管部门备案。租赁车辆的使用性质应当在行驶证上予以注明。

《小微型客车租赁经营服务管理办法》部分条款内容：

第二条　从事小微型客车租赁经营服务，应当遵守本办法。

本办法所称小微型客车租赁经营服务，是指小微型客车租赁经营者与承租人订立租赁合同，将9座及以下的小微型客车交付承租人使用，收取租赁费用的经营活动。

第六条　从事小微型客车租赁经营的，应当具备下列条件：

（一）取得企业法人资格；

（二）投入经营的小微型客车应当经检验合格且登记的使用性质为租赁（以下称租赁小微型客车）；

（三）有与租赁业务相适应的经营场所、管理人员；

（四）在经营所在地有相应服务机构及服务能力；

（五）有健全的经营管理制度、服务规程、安全管理制度和应急救援预案。

从事分时租赁经营的，还应当具备以下服务能力：

（一）有与开展分时租赁业务相适应的信息数据交互及处理能力，保证服务平台运行可靠；

（二）有相应服务人员负责调配租赁小微型客车。

《网络预约出租汽车经营服务管理暂行办法》部分条款内容：

第十二条　拟从事网约车经营的车辆，应当符合以下条件：

（一）7座及以下乘用车；

（二）安装具有行驶记录功能的车辆卫星定位装置、应急报警装置；

（三）车辆技术性能符合运营安全相关标准要求。

车辆的具体标准和营运要求，由相应的出租汽车行政主管部门，按照高品质服务、差异化经营的发展原则，结合本地实际情况确定。

第十三条　服务所在地出租汽车行政主管部门依车辆所有人或者网约车平台公司申请，按第十二条规定的条件审核后，对符合条件并登记为预约出租客运的车辆，发放《网络预约出租汽车运输证》。

城市人民政府对网约车发放《网络预约出租汽车运输证》另有规定的，从其规定。

11 出租车价格监管职责 交叉协同机制问题

（一）相关案例

客运出租车行业存在大量关于价外加价、"一口价"、"特惠价"的投诉。价外加价投诉主要包括巡游出租车司机不按照打表计价，以及网约车司机不按照平台计价程序计价，额外收取高速费、附加费的行为。"一口价""特惠价"投诉涉及低于成本倾销，大多为网约车司机举报网约车公司强制要求司机接受"一口价"订单过程中派生的投诉。

（二）法理分析

1. 案件焦点

交通运输部门与价格主管部门对客运出租汽车行业价格违法行为监管职责应如何区分？是否适用"一事不二罚"和特别法优先的原则？

2. 要点分析

（1）价外加价问题涉及出租车经营者、平台经营者未执行政府指导价、未明码标价等价格违法行为，应当由价格主管部门处罚

巡游出租车采用政府定价机制，网约出租车采用市场定价机制，两者均应明码标价。《中华人民共和国价格法》第十二条、第十三条分别对经营者执行政府定价、明码标价等作了明确要求。《价格违法行为行政处罚规定》第二条规定，县级以上各级人民政府价格主管部门依法对价格活动

进行监督检查，并决定对价格违法行为的行政处罚。《价格违法行为行政处罚规定》第九条、第十三条分别列举了经营者不执行政府指导价、政府定价的具体情形和经营者违反明码标价规定的情形，并规定了相应罚则。同时，《明码标价和禁止价格欺诈规定》第八条进一步明确经营者在销售商品或者提供服务时，不得在标价之外加价出售商品或者提供服务，不得收取任何未予标明的费用。《明码标价和禁止价格欺诈规定》第二十二条指出，经营者违反本规定有关明码标价规定的，由县级以上市场监督管理部门依照《中华人民共和国价格法》《价格违法行为行政处罚规定》有关规定进行处罚。同时，《明码标价和禁止价格欺诈规定》第四条、第二十四条规定了交易场所提供者发现场所内（平台内）经营者违反本规定行为应当依法采取的措施及相应罚则。

（2）"一口价""特惠价"问题涉及低于成本价格倾销的价格违法行为，应当由价格主管部门予以处罚

依据《中华人民共和国价格法》第十四条和第四十条规定，经营者为了排挤竞争对手或者独占市场，以低于成本的价格倾销，扰乱正常的生产经营秩序，损害国家利益或者其他经营者的合法权益的，由价格主管部门认定，并予以处罚。当平台经营者的"一口价""特惠价"涉嫌低于成本价倾销时，应当由价格主管部门依法处理。

（3）相关法规部令对出租车违规收费处罚对象存在经营者和驾驶员的区别，该情形并不适用"一事不二罚"和特别法优先的原则

根据《中华人民共和国价格法》及相关法规规章规定，价格违法行为的处罚对象为经营者，在道路运输经营相关活动中是指持有经营许可证的主体以及为这些主体提供服务的经营平台等。道路运输相关法规和规章规定的违法收费行为的处罚对象为驾驶员，对巡游出租车驾驶人员违法收费有两个案由：

一是"驾驶人员收取运费超过计价器明示的金额"这一案由，适用《浙江省道路运输条例》第七十六条规定的罚则，对应的是该文件第二十四条第一款第五项的规定，即"巡游出租车驾驶人员收取运费不得超

过计价器明示的金额，但价格主管部门核准可以收取其他费用的除外"。

二是"驾驶员违规收费或者网络预约出租汽车驾驶员违规收费"这一案由，适用《出租汽车驾驶员从业资格管理规定》第四十二条规定的罚则，对应的是该文件第四十条第一款第八项规定，即"巡游出租汽车驾驶员不按照规定使用计程计价设备、违规收费或者网络预约出租汽车驾驶员违规收费"。

经营者价格违法行为与驾驶员违规收费属于两类不同的违法行为，应当根据相应的违法行为构成要件判定，并不适用"一事不二罚"和特别法优先的原则。

3. 结论性意见

价外加价涉及出租车经营者、平台经营者未执行政府指导价、未明码标价等价格违法行为，"一口价""特惠价"问题涉及低于成本价格倾销的价格违法行为，其处罚对象为客运出租汽车服务经营主体，应当由价格主管部门进行处罚。交通运输相关法规规章对出租车违规收费的处罚对象均为出租汽车驾驶员。两者并不适用"一事不二罚"和特别法优先的原则。

（三）典型意义

在经营者的收费规则违反价格法律法规、经营者未履行管理责任出现驾驶员违规收费等情形下均应由价格主管部门按照价格违法行为予以查处。譬如出现大量网约车价外加价投诉时，由价格主管部门牵头进行查处，不仅符合价格法律法规规定，符合《网络预约出租汽车经营服务管理暂行办法》第三十五条第一款第八项对网约车平台公司履行管理责任的规定，还有助于从根源上减少投诉，规范价格行为。

同时，上述出租车监管案例表明，清晰的职责划分与协同机制是执法效能的核心。各部门需以法律授权为根基，严格依据部门"三定方案"及法律界定职责，以问题为导向，通过制度设计实现"分工不分家"，同时建立层级协调机制（如联席会议），对职责模糊事项报共同上级机关予以明确，最终推动整体治理能力现代化。

（四）相关依据

《中华人民共和国价格法》部分条款内容：

第二条 在中华人民共和国境内发生的价格行为，适用本法。

本法所称价格包括商品价格和服务价格。

商品价格是指各类有形产品和无形资产的价格。

服务价格是指各类有偿服务的收费。

第三条 国家实行并逐步完善宏观经济调控下主要由市场形成价格的机制。价格的制定应当符合价值规律，大多数商品和服务价格实行市场调节价，极少数商品和服务价格实行政府指导价或者政府定价。

市场调节价，是指由经营者自主制定，通过市场竞争形成的价格。

本法所称经营者是指从事生产、经营商品或者提供有偿服务的法人、其他组织和个人。

政府指导价，是指依照本法规定，由政府价格主管部门或者其他有关部门，按照定价权限和范围规定基准价及其浮动幅度，指导经营者制定的价格。

政府定价，是指依照本法规定，由政府价格主管部门或者其他有关部门，按照定价权限和范围制定的价格。

第五条 国务院价格主管部门统一负责全国的价格工作。国务院其他有关部门在各自的职责范围内，负责有关的价格工作。

县级以上地方各级人民政府价格主管部门负责本行政区域内的价格工作。县级以上地方各级人民政府其他有关部门在各自的职责范围内，负责有关的价格工作。

第十二条 经营者进行价格活动，应当遵守法律、法规，执行依法制定的政府指导价、政府定价和法定的价格干预措施、紧急措施。

第十三条 经营者销售、收购商品和提供服务，应当按照政府价格主管部门的规定明码标价，注明商品的品名、产地、规格、等级、计价单位、价格或者服务的项目、收费标准等有关情况。

经营者不得在标价之外加价出售商品，不得收取任何未予标明的费用。

第十四条　经营者不得有下列不正当价格行为：

（一）相互串通，操纵市场价格，损害其他经营者或者消费者的合法权益；

（二）在依法降价处理鲜活商品、季节性商品、积压商品等商品外，为了排挤竞争对手或者独占市场，以低于成本的价格倾销，扰乱正常的生产经营秩序，损害国家利益或者其他经营者的合法权益；

（三）捏造、散布涨价信息，哄抬价格，推动商品价格过高上涨的；

（四）利用虚假的或者使人误解的价格手段，诱骗消费者或者其他经营者与其进行交易；

（五）提供相同商品或者服务，对具有同等交易条件的其他经营者实行价格歧视；

（六）采取抬高等级或者压低等级等手段收购、销售商品或者提供服务，变相提高或者压低价格；

（七）违反法律、法规的规定牟取暴利；

（八）法律、行政法规禁止的其他不正当价格行为。

第四十条　经营者有本法第十四条所列行为之一的，责令改正，没收违法所得，可以并处违法所得五倍以下的罚款；没有违法所得的，予以警告，可以并处罚款；情节严重的，责令停业整顿，或者由工商行政管理机关吊销营业执照。有关法律对本法第十四条所列行为的处罚及处罚机关另有规定的，可以依照有关法律的规定执行。

有本法第十四条第（一）项、第（二）项所列行为，属于是全国性的，由国务院价格主管部门认定；属于是省及省以下区域性的，由省、自治区、直辖市人民政府价格主管部门认定。

12 网约车信息上传规范及数据证据合法性审查问题

（一）相关案例

在查处网约车违法行为时，执法人员发现网约车平台公司未将部分网约车订单上传至监管平台。

（二）法理分析

1. 案件焦点

（1）违法次数判定问题

查处次数的定义未明确，以平台公司未上传次数作为查处次数还是以执法人员发现违法情形作为查处次数？

（2）证据搜集规范问题

若网约车平台拒不配合调查，不制作询问笔录，能否依据线下查处的实际订单、监管平台公司出具的未上传订单的证明、制发的调查询问通知书等证据进行处罚？

（3）违法所得的计算问题

《浙江省道路运输条例》第七十七条规定的三种违法情形中，其罚则包含没收违法所得。在仅未上传信息的情况下，是否需要没收违法所得？

2. 要点分析

（1）网约出租车平台多次未按规定上传信息是一种连续违法行为，

根据裁量标准,对于该种连续违法行为的次数认定可采用"查处分割法"。

根据《浙江省交通运输行政处罚裁量基准(2023年版)》的规定,执法机关应以"查处次数"和"情节"为判断标准,对网约出租车平台经营者未按规定上传信息的违法行为进行行政处罚裁量。而"查处次数"就是执法机关发现平台存在未按规定上传信息的违法行为并予以处罚的次数,而不以每次查处时所发现的平台具体未上传的订单数量界定。

所谓"查处分割法",系指对于当事人的连续违法或继续违法行为,只要执法机关对其进行了"查处",之后出现的行为都可作为第二个行为对待,以此类推。因此,假设平台未上传10单次订单,在适用裁量基准时,应以10个订单对平台进行一次处罚。本次处罚过后,若后续再次发现未上传订单,那初次查处之后到再次发现期间所有未上传订单的行为都可作为第二个违法行为来对待,发现一次就处罚一次。其间未上传的订单数量可以作为裁量情节要素加以考虑。

(2)记录网约车平台拒不配合调查询问的情况,在其他证据足以认定事实的前提下亦可处罚

分述如下:其一,笔录应如实记载网约车平台拒不配合调查情况。《中华人民共和国行政处罚法》第五十五条第二款规定:"当事人或者有关人员应当如实回答询问,并协助调查或者检查,不得拒绝或者阻挠。询问或者检查应当制作笔录。"当行政执法人员依法进行调查询问时,若网约车平台拒绝配合调查询问,或拒绝在询问笔录上签字,执法人员可以对此情况进行详细记载,包括说明当事人拒绝签字的具体原因。此外,为增强询问笔录的证明力,执法人员还可以采取见证人见证平台拒绝配合调查询问与签字的情形,并通过执法记录仪等视频采集设备记录,证明当事人拒绝、阻碍执法的行为。其二,若网约车平台公司笔录以外的其他证据构成足以认定事实的证据链,即可实施处罚。依据线下查证的驾驶员从平台承接的实际订单信息、监管平台公司出具的未上传相应订单的证明、监管平台查询结果、制发的调查询问通知书,经查证属实,能够确凿认定平台未按规定上传信息的,即可依据上述证据作出行政处罚。另外,根据《网

络预约出租汽车经营服务管理暂行办法》第三十五条第一款第七项规定，对不配合进行数据信息调取查阅的网约车平台公司也应予以行政处罚。其三，未按规定上传信息的违法行为可依据《网络预约出租汽车监管信息交互平台运行管理办法》有关规定予以认定。该办法第六条、第八条对传输起始时间和传输内容、对象作出了规定；第十五条对传输数据的数据完整性、数据规范性、数据及时性、数据真实性作出了规定。因此，网约车平台经营者是否存在未按规定上传信息的违法行为，执法机关可对照有关规定予以认定。

（3）该项违法行为并无违法所得

《中华人民共和国行政处罚法》第二十八条第二款规定："当事人有违法所得，除依法应当退赔的外，应当予以没收。违法所得是指实施违法行为所取得的款项。法律、行政法规、部门规章对违法所得的计算另有规定的，从其规定。"按规定上传信息是法规规章对平台设置的监管义务，订单收入与行为人"不按规定上传信息"并无直接关系。虽然查询到在个别实务案例（温运政罚〔2024〕0315号、甬运政罚〔2023〕1341号等行政处罚决定书）中存在着没收违法所得的处罚，但从这一违法行为的性质本身出发，我们认为该项违法行为并无违法所得。

3. 结论性意见

应以执法机关发现平台"未按规定上传信息"的违法行为并加以行政处罚的次数为"查处次数"，未上传订单数可作为裁量情节。记录网约车平台拒不配合调查询问的情况，在其他证据足以认定事实的前提下即可实施处罚。该违法行为并无违法所得。

同时，本案表明，行政执法需以"行为性质—证据规则—处罚尺度"为逻辑主线，通过法定程序与技术手段的结合，实现精准裁量。行政执法机关可参照此模式，针对不同案由构建标准化执法流程，提升治理效能，推动执法体系现代化。

（三）典型意义

执法机关可采取定期检查、随机抽查的形式加大监管力度。除罚款、吊销许可证外，还可考虑依法采取停止联网措施，增加"下架移动互联网应用程序（App）"的处罚措施，增加对网约车平台的威慑力。

（四）相关依据

《浙江省道路运输条例》部分条款内容：

第二十六条　网约出租车平台经营者应当对申请接入的驾驶人员和车辆资质进行审核并按照规定时限定期核验，确保其符合国家和省的有关规定。网约出租车平台经营者应当保证实际提供服务的车辆、驾驶人员与平台指派的车辆、驾驶人员一致。

网约出租车平台经营者应当按照规定，将车辆、驾驶人员、订单、乘客评价等信息上传到道路运输监管平台。

网约出租车最长使用年限和最长行驶里程按照国家有关规定执行；在充电设施等条件具备的地区，应当主要采用新能源车型。

第七十七条　网约出租车平台经营者违反本条例第二十六条规定，提供服务的车辆未取得车辆营运证或者驾驶人员未取得从业资格证，提供服务车辆、驾驶人员与平台指派车辆、驾驶人员不一致，或者未按规定上传信息的，由交通运输主管部门责令改正，没收违法所得，处一万元以上十万元以下罚款；情节严重的，并处五日以上三十日以下停业处罚；情节特别严重的，由原许可机关并处吊销经营许可证。

有前款规定违法行为受到停业处罚或者吊销经营许可证处罚的网约出租车平台经营者，注册地在本省的，由省交通运输主管部门提请省公安机关指导属地公安机关依法予以停止联网、停机整顿；注册地不在本省的，由省交通运输主管部门报国家交通运输主管部门依法处置。

《浙江省交通运输行政处罚裁量基准（2023年版）》部分条款内容（违法行为代码200289）整理如下。

网约出租车平台经营者未按规定上传信息的行为分为四种违法情形。

违法情形：①初次被查处的，违法程度较轻；②第二次被查处的或者有其他一般情节的，违法程度一般；③被查处三次及以上的或者有其他严重情节，违法程度严重；④有特别严重情节的，违法程度特别严重。

13 "同案不同"罚争议处理中裁量基准动态优化问题

（一）相关案例

交通执法人员发现共同承接一个运输活动的两辆大型普通客车均无道路运输证。经查，客车1由B公司借给A公司（未取得道路客运经营许可）使用，由A公司指派驾驶员；客车2属C公司（已取得道路客运经营许可）所有。

（二）法理分析

1. 案件焦点

本案两客车是否应分案处罚？分案处罚是否属于"同案不同罚"？

2. 要点分析

客车1由B公司借给A公司使用并由A公司指派驾驶员，实际承运人为A公司。A公司未取得道路客运经营许可，违反了《中华人民共和国道路运输条例》中关于未取得道路客运经营许可不得擅自从事道路客运经营的规定。客车2属于C公司，C公司已取得道路客运经营许可但使用未配备合法有效道路运输证的车辆参加经营，两客车违法情形不同。以《浙江省道路运输条例》第七十二条为例，该条第一款、第二款分别对未取得经营许可证、未取得车辆营运证的违法行为规定了不同的罚则。

"同案不同罚"是指行政机关对相同的违法行为给予不同的处罚。本案例中两客车违法情形不同，适用不同案由给予不同处罚不属于"同案不同罚"。

3. 结论性意见

本案两客车因违法情形不同应分案处罚，不属于"同案不同罚"。

（三）典型意义

两辆客车虽然共同实施了一个运输行为，但它们分别属于不同的公司，且违反的法律规定不同。它们涉及的违法行为主体不同，违反的具体法律规定也不同，对每辆客车的处罚应根据各自公司的情况和违法行为来确定，不得简单以车辆归属、运输行为等来判断处置方式。

同时，本案对环保、市场监管、文化执法等领域处理"表面关联、实质不同"的违法行为具有重要参考价值。比如同一工业园区内两家企业排放污染物，A企业未取得排污许可证（违反《中华人民共和国环境保护法》第六十三条），B企业超标排放（违反《中华人民共和国大气污染防治法》第九十九条）。处理规则是A企业按"无证排污"处罚，B企业按"超标排放"处罚，二者违法构成不同，需分案处理。申言之，行政执法应避免"行为外观导向"，坚持按"实质违法构成"审查。本案表明，只有精准识别违法行为本质，才能实现过罚相当，维护法律权威与公平。

（四）相关依据

《浙江省道路运输条例》部分条款内容：

第七十二条　违反本条例规定，未取得经营许可证或者使用伪造、涂改、失效的经营许可证从事公共汽车或者出租车客运经营的，由交通运输主管部门责令停止经营，没收违法所得，并处一万元以上五万元以下罚款。

违反本条例规定，未取得车辆营运证或者使用伪造、涂改、失效的车辆营运证从事出租车客运经营的，由交通运输主管部门责令停止经营，没收违法所得，并处五千元以上二万元以下罚款。

14 智能网联车营运性质及新兴技术合规判定问题

（一）相关案例

某市智能网联车辆创新应用工作联席会议办公室同意某公司开展智能网联汽车创新应用活动，以体验费形式收取费用。

（二）法理分析

1. 案件焦点

此类推广是什么性质的行为？是否需要相应许可证？

2. 要点分析

（1）营运认定依据

根据《中华人民共和国道路运输条例》的相关规定，道路运输管理机构向符合条件的申请人颁发道路运输经营许可证时，向申请人投入运输的车辆配发车辆营运证。根据《道路运输从业人员管理规定》第六条第一款规定："国家对经营性道路客货运输驾驶员、道路危险货物运输从业人员实行从业资格考试制度。其他实施国家职业资格制度的道路运输从业人员，按照国家职业资格的有关规定执行。""案涉营运"是指以谋取经济利益而从事相应的运输活动。该公司以体验费的形式收取费用，对智能网联车辆进行推广，主观上为了进行长期出租车辆而营利，客观上存在费用结算行为，应当认定具有营运性质，需要相应的许可证。就公司而言，其需要获得道路运输经营许可证；就智能网联车辆而言，其需要获得车辆营运证。当智能网联车辆配备驾驶人或安全员以便随时能接管车辆时，驾驶人和安全员还应当具备与车辆类型相对应的机动车驾驶证以及与运输业务相关的从业资格。《自动驾驶汽车运输安全服务指南（试行）》（交办运〔2023〕66号）对人员配备作了专门规定。

（2）外地规定参考

《上海市智能网联汽车测试与应用管理办法》第二十八条规定，开展智能网联汽车示范运营活动，应当具备相应的道路运输经营资质，或者与具备相应道路运输经营资质的单位合作；《深圳经济特区智能网联汽车管理条例》第十二条和第三十九条规定，本条例所称"示范应用主体"是指提出示范应用申请、组织示范应用并承担相应责任的一个单位或者多个单位联合体。使用智能网联汽车从事道路运输经营活动的，经营者应当取得道路运输经营许可证，车辆应当取得车辆营运证。

3. 结论性意见

以体验费的形式收取费用是具有营运性质的行为，需要相应的许可证。

（三）典型意义

本案智能网联汽车推广应用过程中可能会面临经营者未办理经营许可证，非法营运的风险。应对此类风险，一方面为符合条件的经营者颁发许可，一方面探索联合体运营形式及监管措施，积极应对经营者非法营运的风险。

同时，本案对新兴技术领域的监管具有重要参考价值，尤其适用于以下场景：共享经济领域中，共享电单车平台以"体验骑行"名义收费，实际提供租赁服务（属营运行为），对此需取得《自行车租赁经营备案证明》（参照《北京市非机动车管理条例》第二十条）；无人机物流领域中，企业以"测试费"名义开展无人机送货，若实质为有偿运输，应取得民用无人驾驶航空器运营合格证（《中华人民共和国民用航空法》第一百四十七条）。这就需要行政执法以行为实质而非形式标签为基准，既要鼓励创新，亦需守住安全与合规底线。各部门可参照"行为性质—法律要件—监管措施"逻辑，构建新兴领域标准化执法体系。

（四）相关依据

《中华人民共和国道路运输条例》部分条款内容：

第十条　申请从事客运经营的，应当依法向市场监督管理部门办理有关登记手续后，按照下列规定提出申请并提交符合本条例第八条规定条件的相关材料：

（一）从事县级行政区域内和毗邻县行政区域间客运经营的，向所在地县级人民政府交通运输主管部门提出申请；

（二）从事省际、市际、县际（除毗邻县行政区域间外）客运经营的，向所在地设区的市级人民政府交通运输主管部门提出申请；

（三）在直辖市申请从事客运经营的，向所在地直辖市人民政府确定的交通运输主管部门提出申请。

依照前款规定收到申请的交通运输主管部门，应当自受理申请之日起20日内审查完毕，作出许可或者不予许可的决定。予以许可的，向申请人颁发道路运输经营许可证，并向申请人投入运输的车辆配发车辆营运证；不予许可的，应当书面通知申请人并说明理由。

对从事省际和市际客运经营的申请，收到申请的交通运输主管部门依照本条第二款规定颁发道路运输经营许可证前，应当与运输线路目的地的相应交通运输主管部门协商，协商不成的，应当按程序报省、自治区、直辖市人民政府交通运输主管部门协商决定。对从事设区的市内毗邻县客运经营的申请，有关交通运输主管部门应当进行协商，协商不成的，报所在地市级人民政府交通运输主管部门决定。

第二十四条　申请从事货运经营的，应当依法向市场监督管理部门办理有关登记手续后，按照下列规定提出申请并分别提交符合本条例第二十一条、第二十三条规定条件的相关材料：

（一）从事危险货物运输经营以外的货运经营的，向县级人民政府交通运输主管部门提出申请；

（二）从事危险货物运输经营的，向设区的市级人民政府交通运输主管部门提出申请。

依照前款规定收到申请的交通运输主管部门，应当自受理申请之日起20日内审查完毕，作出许可或者不予许可的决定。予以许可的，向申请人颁发道路运输经营许可证，并向申请人投入运输的车辆配发车辆营运证；不予许可的，应当书面通知申请人并说明理由。

使用总质量4500千克及以下普通货运车辆从事普通货运经营的，无需按照本条规定申请取得道路运输经营许可证及车辆营运证。

《道路运输从业人员管理规定》部分条款内容：

第六条　国家对经营性道路客货运输驾驶员、道路危险货物运输从业人员实行从业资格考试制度。其他实施国家职业资格制度的道路运输从业人员，按照国家职业资格的有关规定执行。

从业资格是对道路运输从业人员所从事的特定岗位职业素质的基本评价。

经营性道路客货运输驾驶员和道路危险货物运输从业人员必须取得相应从业资格，方可从事相应的道路运输活动。

鼓励机动车维修企业、机动车驾驶员培训机构优先聘用取得国家职业资格证书或者职业技能等级证书的从业人员从事机动车维修和机动车驾驶员培训工作。

《自动驾驶汽车运输安全服务指南（试行）》部分条款内容：

六、人员配备

从事城市公共汽电车客运、道路旅客运输经营的自动驾驶汽车应随车配备1名驾驶员或运行安全保障人员（以下统称"安全员"）。从事道路货物运输经营的自动驾驶汽车原则上随车配备安全员。从事出租汽车客运的有条件自动驾驶汽车、高度自动驾驶汽车应随车配备1名安全员；从事出租汽车客运的完全自动驾驶汽车，在确保安全的前提下，经设区市人民政府同意，在指定的区域运营时可使用远程安全员，远程安全员人车比不得低于1∶3。安全员应当接受自动驾驶汽车技术和所从事相关运输业务培训，熟练掌握道路交通安全法律法规的规定、不同级别自动驾驶系统操作技能，熟知自动驾驶汽车运行线路情况，具备紧急状态下接管车辆等应急处置能力。自动驾驶汽车的自动驾驶功能变更或更新升级后，自动驾驶运输经营者要及时加强对安全员在岗培训，确保其及时掌握新功能、新技术、新要求。安全员应符合交通运输领域从业人员管理相关规定和要求，取得相应业务类别的从业资格。

15 超限车辆裁量基准科学制定问题

（一）相关案例

执法人员在日常检查工作中发现某机场高速公路收费站有超限车辆驶入，且该收费站未安装使用称重检测设备。经持续视频巡查发现该收费站仍有多辆涉嫌违法超限运输车辆进出。其后，经执法人员现场检查并再次查获1辆超限车辆未通过称重进入收费站，同时在与车队长约谈中得知还有不少超限车辆通过该收费站驶入。

（二）法理分析

1. 案件焦点

省交通运输厅制定的行政处罚裁量基准对"放行违法超限运输车辆进入高速公路"案由的违法程度"以一个月放行数量"来判定。因该收费站未安装使用称重检测设备，未接入浙江省交通运输厅系统，无法确定一个月的放行数量，在此情形下对高速公路经营管理者进行处罚该如何适用裁量基准？

2. 要点分析

（1）高速公路经营管理者负有安装车辆超限运输检测技术监控设备的法定义务

根据《浙江省公路条例》第三十八条第二款对高速公路经营管理者设置不得放行违法超限运输车辆的禁止性规定的前置要求是：高速公路经营管理者应当在高速公路入口处安装车辆超限运输检测技术监控设备，并确保正常使用。即高速公路经营管理者有义务自行配备超限运输检测技术监控设备，并通过确保相关设备正常使用达到不放行违法超限运输车辆的目的。

（2）对高速公路经营管理者放行违法超限运输车辆的处罚不应限于现有裁量基准

若因高速公路经营管理者未在高速公路入口处安装车辆超限运输检测技术监控设备或者相关设备使用不正常，造成放行违法超限运输车辆的后果应由高速公路经营管理者承担，其应受到行政处罚。该案由的裁量基准中未涉及此类情形，该收费站未安装使用称重检测设备，未接入省交通运输厅系统，无法确定一个月的违法放行数量。高速公路经营管理者未安装车辆超限运输检测技术监控设备、执法人员在现场查获收费站违法放行超限车辆，已满足该违法行为构成要件，应予处罚。

3. 结论性意见

在满足该案由违法行为构成要件的情况下，应依法予以处罚，不能因裁量基准未覆盖该情形而不予以处罚。同时，在本案处罚裁量中应考虑到因高速公路经营管理者未履行安装监控设备的法定义务，造成难以计量违法放行车辆的后果。

（三）典型意义

"未安装称重检测设备"的情形属裁量基准目前未覆盖的情形，建议完善裁量基准。交通运输部门应当对各高速路口开展检查，确保高速公路经营管理者依法安装并维护称重检测设备。

同时，本案对环保、市场监管、应急管理等领域的裁量规则适用具有重要参考价值。比如矿山企业未安装瓦斯监测系统，导致无法预警安全隐患。其处理规则是，依据《中华人民共和国安全生产法》第三十六条（安全设备经常性维护义务），直接处罚未安装行为，无须以事故发生为要件。本案表明，行政执法需以"法定义务履行"为核心，裁量基准仅为工具而非处罚前提。各部门应优先适用法律直接规定，同时推动裁量规则动态完善，实现精准监管与风险防范的统一。

（四）相关依据

《浙江省公路条例》部分条款内容：

第三十八条　县级以上人民政府交通运输主管部门可以根据管理需要，在货物运输主通道、重要桥梁入口处等重要路段设置车辆超限运输检测技术监控设备，对货运车辆进行超限运输检测。启用超限运输检测技术监控设备应当至少提前十五日向社会公告。

高速公路经营管理者应当在高速公路入口处安装车辆超限运输检测技术监控设备，并确保正常使用。高速公路经营管理者不得放行违法超限运输车辆。

省交通运输主管部门应当建立全省统一的公路超限运输治理监管平台，并与公安机关交通管理部门实现超限运输车辆所有人、联系方式和超限许可等信息的共享。

第五十五条　高速公路经营管理者违反本条例第三十八条第二款规定，放行违法超限运输车辆进入高速公路的，由设区的市交通运输主管部门处二万元以上十万元以下罚款。

违法超限运输车辆强行驶入、堵塞车道等行为违反治安管理规定的，由公安机关依法处理。

《浙江省交通运输行政处罚裁量基准（2024年版）》部分条款内容（违法行为代码100077）整理如下。

违法情形：一个月放行10辆以下违法超限运输车辆的

裁量基准：处2万元罚款

违法情形：一个月放行10辆及以上20辆以下违法超限运输车辆

裁量基准：处3万元以上5万元以下罚款

违法情形：一个月放行20辆及以上违法超限运输车辆的或放行违法超限运输车辆导致一般及以上安全生产事故的

裁量基准：处9万元以上10万元以下罚款

（备注：每个月按照省中心通报数据，经核实确定放行车辆数）

16 货运超限罚款累计及违法行为后果累加问题

（一）相关案例

执法人员通过浙江省交通运输审批服务平台取证发现，某重型半挂牵引车装运塔吊行驶在 G25 高速公路上，但其办理的超限运输车辆通行证上标示的通行路线并不包含 G25 高速公路。该车办理的超限运输车辆通行证显示，其外廓尺寸与车货总质量均超限，车货总高为 4.5 米，总宽 3.75 米，总长 23 米。

（二）法理分析

1. 案件焦点

浙江省交通运输厅制定《浙江省交通运输行政处罚裁量基准（2023 年版）》对"违法超限运输（车货总体的外廓尺寸超过国家规定的最高限值）"案由的裁量未覆盖"外廓尺寸与车货总质量均超限"情形，对该违法情形的罚款数额是否累计？此类违法行为多为非现场案件，外廓尺寸与车货总质量数据该如何合法取证以应对车主异议？

2. 要点分析

（1）对"外廓尺寸与车货总质量均超限"应予累计处罚的法定依据和法理依据

《超限运输车辆行驶公路管理规定》第四十三条第二款明确规定外廓

尺寸与车货总质量均超限的情形下，罚款数额应当累计，但最高不超过30000元。该规定符合对车辆违法超限运输根据违法行为的性质、情节和危害程度进行处罚的立法精神。车辆外廓尺寸超限可能导致超长、超宽或超高的运输车辆无法正常通过桥梁、隧道等公路基础设施，可能引发桥梁承重系统的失衡甚至导致桥梁损毁。超限尺寸车辆的异常外廓形态，还可能遮挡驾驶员视线、干扰其他车辆的正常通行秩序，显著增加交通事故风险。而车货总质量超限则会直接增加路面、桥梁的荷载压力，导致路面出现早期损坏如裂缝、坑槽等，缩短公路寿命，并增加养护成本。因此对于两者均超限的车辆应予累计处罚，本质上是对该车辆"外廓尺寸与车货总质量均超限"违法行为的总体评价，同一违法行为可能在多方面产生危害，具有更大的危害性。

（2）外廓尺寸及车货总质量数据来源应确保合法性

外廓尺寸超限数据可以依据超限运输车辆通行证所载数据来确定。车货总质量数据可能有以下三个来源：一是超限运输车辆通行证所载数据；二是收费站路口称重数据；三是车辆超限运输监测技术监控设备数据。车主提出数据合法性异议时，可提供计量监督检测研究院等相关单位的鉴定证书，证明检测设备经过合法认证，检测结果具有法律效力。

3. 结论性意见

对外廓尺寸与车货总质量均超限的违法超限行为应当结合尺寸和总质量累计计算处罚金额，但不得超过30000元。

（三）典型意义

外廓尺寸超限危害公路基础设施安全，车货总质量超限危害道路承载能力，二者危害性质不同，合并处罚符合《中华人民共和国行政处罚法》第五条规定的过罚相当原则。若"外廓尺寸与车货总质量均超限"的情形属裁量基准未覆盖的情形，应完善裁量基准。

同时，本案对环保、市场监管、安全生产等领域处理"多重违法行为"具有重要参考价值。比如企业同时超标排放废水（COD超标）和废气（SO$_2$ 超标），其处理规则是依据《中华人民共和国环境保护法》第五十九条规定，按污染物种类分别计算罚款并累计。法律明确规定累计处罚的，无须依赖裁量基准（如《中华人民共和国食品安全法》第一百二十四条对多项食品安全违法的合并处理）。行政执法需以"行为独立性"与"危害实质性"为核心，对多重违法行为采取累计处罚机制。各部门可参照"行为拆分—危害评估—法定裁量"逻辑，构建标准化执法框架，避免选择性执法或处罚畸轻。

（四）相关依据

《超限运输车辆行驶公路管理规定》部分条款内容：

第四十三条　车辆违法超限运输的，由公路管理机构根据违法行为的性质、情节和危害程度，按下列规定给予处罚：

（一）车货总高度从地面算起未超过 4.2 米、总宽度未超过 3 米且总长度未超过 20 米的，可以处 200 元以下罚款；车货总高度从地面算起未超过 4.5 米、总宽度未超过 3.75 米且总长度未超过 28 米的，处 200 元以上 1000 元以下罚款；车货总高度从地面算起超过 4.5 米、总宽度超过 3.75 米或者总长度超过 28 米的，处 1000 元以上 3000 元以下的罚款；

（二）车货总质量超过本规定第三条第一款第四项至第八项规定的限定标准，但未超过 1000 千克的，予以警告；超过 1000 千克的，每超 1000 千克罚款 500 元，最高不得超过 30000 元。

有前款所列多项违法行为的，相应违法行为的罚款数额应当累计，但累计罚款数额最高不得超过 30000 元。

《浙江省交通运输行政处罚裁量基准（2023 年版）》部分条款内容（违法行为代码 100048）整理如下。

违法情形：①车货总高度从地面算起未超过 4.2 米、总宽度未超过 3 米且总长度未超过 20 米的；②车货总高度从地面算起未超过 4.5 米、总宽度未超过 3.75 米且总长度未超过 28 米的；③车货总高度从地面算起超过 4.5 米，或者总宽度超过 3.75 米，或者总长度超 28 米的。

17 强制措施执行带来的长期滞留车辆处置问题

（一）相关案例

由于种种原因，某省的各交通运输行政执法机关存在车辆长期滞留的问题，主要表现为：车辆查扣时间跨度长、数量大、涉及机动车和非机动车类型多，保存车辆场地成本高、扣押手续不齐全等。

（二）法理分析

1. 案件焦点

综合来看，长期滞留或扣押的车辆可归纳为以下几类：①没有作出行政处罚决定，也没有作出扣押决定的车辆；②没有作出行政处罚决定，但作出扣押决定的车辆；③作出行政处罚决定，但没有作出扣押决定的车辆；④既作出行政处罚决定，又作出扣押决定的车辆。另外，对既作出行政处罚决定，又作出扣押决定的车辆，如果当事人逾期不缴纳罚款，是否可以拍卖车辆用于缴纳行政处罚决定确定的罚款？

2. 要点分析

（1）关于扣押期限届满后车辆处理的法律分析

扣押车辆是交通行政执法机关为制止违法行为、防止证据损毁、避免危害发生、控制危险扩大等情形，对公民、法人或者其他组织的车辆实施暂时性控制的行为。从法律属性上看，扣押是行政强制措施，不是对该财物所有权的最终处分，仅是在短期内对该财物使用权和处分权的临时限制，并非事件最终处理完毕的状态。交通行政执法机关采取扣押车辆措施后，应当及时查清相关违法事实，并在法定期限内作出处理决定；对违法事实清楚，依法应当没收的非法财物予以没收；对扣押期限已经届满的，应当解除扣押并立即退还车辆。因此，即使交通行政执法机关曾采取扣押车辆措施，但因扣押期限届满，已不具有限制车辆使用权和处分权的权力。换言之，车辆处置权应按照《中华人民共和国民法典》第二百四十条规定由车辆所有权人享有。

（2）关于行政处罚未申请强制执行情况下车辆处理的法律分析

因超过《中华人民共和国行政强制法》第五十三条规定的三个月期限向法院申请强制执行而被裁定不予执行的行政处罚决定，虽未因法院的不予执行裁定而失去效力，但丧失了强制执行力。因此，此时不能以已丧失强制执行力的行政处罚决定为依据，对滞留车辆采取强制处置措施。

（3）关于以扣押车辆拍卖用于缴纳行政罚款方式处理的法律意见

扣押车辆属于行政强制措施，是行政机关为查处违法行为或者防止危害扩大而采取的措施。当事人在法定期限内不申请行政复议或者提起行政诉讼，经催告仍不履行的，在实施行政管理过程中已经采取扣押措施的交通行政执法机关，可以将扣押的财物依法拍卖或者依法处理。需要说明的是，其前提条件是行政处罚决定书具有强制执行力且经催告仍不履行，同时车辆属于依法扣押且在拍卖时仍在扣押期限内。换言之，鉴于车辆扣押期限已届满等原因，从了解情况来看案涉车辆往往不符合《中华人民共和国行政强制法》第四十六条第三款规定的条件，即"当事人在法定期限内不申请行政复议或者提起行政诉讼，经催告仍不履行的，在实施行政管理过程中已经采取查封、扣押措施的行政机关，可以将查封、扣押的财物依法拍卖抵缴罚款"。

（4）关于车辆保管费用处理的意见

扣押车辆是交通行政执法机关通过强制扣留公民、法人或者其他组织的财物，在短期内对该财物使用权和处分权进行临时限制。按照《中华人民共和国行政强制法》第二十六条之规定，扣押发生的保管费用由行政机关承担。扣押期限已经届满的，应当解除扣押并立即退还车辆。因此，如果交通执法机关没有证据证明车辆被依法解除扣押后已通知当事人限期领取的，那它既不能按照《浙江省道路运输条例》第六十四条第三款规定，向当事人主张车辆保管费用，也不属于《中华人民共和国民法典》第一百二十一条规定的无因管理的情形。

结合以上法律分析，即使曾作出过行政处罚决定，但若没有按照《中华人民共和国行政强制法》第五章规定向法院申请强制执行，便已丧失强制执行力；即使曾作出过扣押行政强制措施，按照《中华人民共和国行政强制法》第二十八条规定，也应在扣押期满后，解除扣押并返还车辆。申言之，对上述各种情形的滞留车辆，实际上可以归结为在行政处罚决定未作出或者已丧失强制执行力、扣押行政强制措施没有作出或者期限已届满等情形下，对于滞留车辆谁有处置权，该如何处理？此时应区别两种情况，予以处理。

①除法律法规另有明确规定外，滞留车辆处置权应按照《中华人民共和国民法典》第二百四十条规定，由车辆所有权人享有。其处理程序和依据如下：

一是在查找到车辆所有权人且其予以配合情况下的处理方式：所有权人自行处理。按照《交通运输行政执法程序规定》第十八条规定，通过直接送达、留置送达、电子送达、委托送达、公告等方式送达后，如果确定车辆所有权人，则滞留车辆处置权由车主享有。此时应依据《中华人民共和国民法典》第二百四十条或者《浙江省道路运输条例》第六十四条第三款等相关规定，要求车主取走车辆。

二是在查找到车辆所有权人但其不予配合情况下的处理方式：司法途径处理。查找到了车辆所有权人但其不予配合情况下，可能遇到的问题：A. 车辆所有权人明确，但不明确放弃车辆处置权。此时交通执法机关不能按照《交通运输行政执法程序规定》第一百二十九条规定进行处置，需要民事诉讼及后续强制执行程序解决。B. 可能存在车辆所有权人的索赔风险。由于没有作出行政处罚决定或者行政处罚决定已丧失强制执行力，或者没有作出扣押车辆决定或者作出扣押但没有及时通知车辆所有权人限期领取车辆，车辆所有权人可能提出是交通执法机关的原因导致车辆价值贬损或者报废，从而提出索赔，交通执法机关因执法程序缺失可能存在赔偿责任。C.对于曾及时通知车辆所有权人限期领取车辆，交通执法机关主张车辆保管费用的，车辆所有权人可能在比较车辆残存价值后，拒不缴纳保管费。此时，依法解除扣押后曾及时通知车辆所有权人限期领取车辆的，可以适用《浙江省道路运输条例》第六十四条第三款规定，经再次通知限期领取，当事人逾期超过三十日仍不领取的，交通运输主管部门可以依法予以拍卖或者变卖。拍卖或者变卖所得扣除车辆保管费等合理支出后返还当事人或者提存。除此之外，仍需要民事诉讼及后续强制执行程序解决。

②在未查找到或者无法确认车辆所有权人的情况下，通过拍卖等方式处置。如果经直接送达、留置送达、电子送达、委托送达、公告等方式送达后，车主下落不明或者无法确定涉案车辆所有人的，则应依据《交通运输行政执法程序规定》第一百二十九条或者《罚没财物管理办法》（财税〔2020〕54号）第十四条、第三十五条第一款等相关规定，经执法部门负责人批准，将涉案车辆上缴国库或者依法拍卖后将所得款项上缴国库。

3. 结论性意见

在查找到车辆所有权人的情况下，滞留车辆处置权应按照《中华人民共和国民法典》第二百四十条规定，由车辆所有权人享有。根据不同情况，处理方式一般有以下三种：一是在查找到车辆所有权人且其予以配合情况下，由所有权人自行处理；二是在查找到车辆所有权人但其不予配合情况下，通过司法途径处理；三是在未查找到或者无法确认车辆所有权人的情况下，通过拍卖等方式处置。

（三）典型意义

考虑到存在未及时依法行使职权、未及时解除扣押、未及时申请强制执行、未及时返还车辆、未及时送达等多种行政执法不规范因素，执法机关应结合各自具体情况，查清车辆情况，分类分步推进予以处理，妥善处理遗留的历史问题，以管控行政管理和社会舆论风险。同时，按照《中华人民共和国行政诉讼法》规定的"一行为一诉"原则，即在一个行政案件中，被诉行政行为一般仅指一个行政机关作出的一个行政行为。鉴于不同行政行为的作出主体不同，不同行政行为的作出对象不同，所依据的行政实体和程序法律存在差别，所基于的事实有异，人民法院进行合法性审查的范围、内容、强度等亦不完全一致。上面分析是概况性分析，不是个案分析，具体个案处理方案和法律风险需要结合具体情况予以分析应对。

同时，本案对环保、市场监管、城管等领域处理长期滞留财物具有重要参考价值。比如查封的假冒商品因诉讼程序漫长无法及时销毁，其处理规则：依据《市场监督管理行政处罚程序规定》第四十二条（财物处理），公告后上缴国库或销毁。本案表明，行政执法需以"合法程序"与"权利保障"为双核心，避免因程序瑕疵引发国家赔偿责任。各部门可参照"期限管理—权利告知—分类处置"逻辑，构建标准化滞留财物处理机制，兼顾执法效率与公民权益。

（四）相关依据

《中华人民共和国民法典》部分条款内容：

第二百四十条　所有权人对自己的不动产或者动产，依法享有占有、使用、收益和处分的权利。

《中华人民共和国行政强制法》部分条款内容：

第二十五条第一款　查封、扣押的期限不得超过三十日；情况复杂的，经行政机关负责人批准，可以延长，但是延长期限不得超过三十日。法律、行政法规另有规定的除外。

第二十六条　对查封、扣押的场所、设施或者财物，行政机关应当妥善保管，不得使用或者损毁；造成损失的，应当承担赔偿责任。

对查封的场所、设施或者财物，行政机关可以委托第三人保管，第三人不得损毁或者擅自转移、处置。因第三人的原因造成的损失，行政机关先行赔付后，有权向第三人追偿。

因查封、扣押发生的保管费用由行政机关承担。

第二十七条　行政机关采取查封、扣押措施后，应当及时查清事实，在本法第二十五条规定的期限内作出处理决定。对违法事实清楚，依法应当没收的非法财物予以没收；法律、行政法规规定应当销毁的，依法销毁；应当解除查封、扣押的，作出解除查封、扣押的决定。

第二十八条第一款第四项　有下列情形之一的，行政机关应当及时作出解除查封、扣押决定：……（四）查封、扣押期限已经届满。

第四十六条第三款　没有行政强制执行权的行政机关应当申请人民法院强制执行。但是，当事人在法定期限内不申请行政复议或者提起行政诉讼，经催告仍不履行的，在实施行政管理过程中已经采取查封、扣押措施的行政机关，可以将查封、扣押的财物依法拍卖抵缴罚款。

第五十三条　当事人在法定期限内不申请行政复议或者提起行政诉讼，又不履行行政决定的，没有行政强制执行权的行政机关可以自期限届满之日起三个月内，依照本章规定申请人民法院强制执行。

第五十八条第一、第二款　人民法院发现有下列情形之一的，在作出裁定前可以听取被执行人和行政机关的意见：

（一）明显缺乏事实根据的；

（二）明显缺乏法律、法规依据的；

（三）其他明显违法并损害被执行人合法权益的。

人民法院应当自受理之日起三十日内作出是否执行的裁定。裁定不予执行的，应当说明理由，并在五日内将不予执行的裁定送达行政机关。

《中华人民共和国行政处罚法》部分条款内容：

第七十二条第一款第二项　当事人逾期不履行行政处罚决定的，作出行政处罚决定的行政机关可以采取下列措施：……（二）根据法律规定，将查封、扣押的财物拍卖、依法处理或者将冻结的存款、汇款划拨抵缴罚款。

《浙江省道路运输条例》部分条款内容：

第六十四条第三款　对车辆依法解除扣押后，交通运输主管部门应当通知当事人限期领取车辆；当事人逾期不领取的，逾期之日起的车辆保管费用由当事人承担。经再次通知限期领取，当事人逾期超过三十日仍不领取的，交通运输主管部门可以依法予以拍卖或者变卖。拍卖或者变卖所得扣除车辆保管费等合理支出后返还当事人或者提存。

《交通运输行政执法程序规定》部分条款内容：

第一百二十九条　当事人下落不明或者无法确定涉案物品所有人的，执法部门按照本规定第十八条第五项规定的公告送达方式告知领取。公告期满仍无人领取的，经执法部门负责人批准，将涉案物品上缴国库或者依法拍卖后将所得款项上缴国库。

18 涉路违建拆除后行政强制执行费用追缴问题

（一）相关案例

某企业在高速公路建筑控制区内违法设立高立柱广告设施。在交通主管部门责令拆除并作出行政处罚决定后，企业既未履行自行拆除义务，也未申请复议和提起行政诉讼。其后，交通主管部门依法予以强制拆除，并向该公司发送《强制拆除费用追缴决定书》。因该企业逾期未履行缴纳义务，执法机关向法院提出强制执行申请，法院作出准予强制执行拆除费用的裁定。

（二）法理分析

1. 案件焦点

交通主管部门强制拆除后如何追缴拆除费用？

2. 要点分析

（1）交通主管部门对公路建筑控制区内违法建筑的拆除有行政强制执行权

根据《中华人民共和国公路法》第八十一条规定，在公路建筑控制区内修建地面构筑物的，由交通主管部门责令限期拆除。逾期不拆除的，由交通主管部门拆除，有关费用由建筑者、构筑者承担。

（2）交通主管部门对强制拆除费用的追缴没有行政强制执行权，可

依法申请法院强制执行

对于应当由构筑者承担的强制拆除费用，交通主管部门应当依法作出追缴决定，并根据《中华人民共和国行政强制法》第五十三条、第五十四条等规定向人民法院申请强制执行。

3. 结论性意见

执法机关可向该企业发送《强制拆除费用追缴决定书》。该企业逾期未履行缴纳义务的，执法人员向法院申请强制执行。

（三）典型意义

本案程序规范合法，处理过罚相当，强制执行到位，以申请法院非诉执行的方式追缴强制拆除费用，既保障了当事人的合法权益，也保护了路产路权，为解决路政执法领域长期存在的涉路违法建筑拆除费用"追缴难"问题提供了借鉴。

同时，本案的处理方式对其他行政执法领域也具有重要的指导意义。例如在城市管理、环境保护等领域的执法中，同样会面临违法建筑或设施的拆除及费用追缴问题。本案明确了行政机关在强制拆除后可通过法定程序追缴拆除费用，这为其他执法部门提供了清晰的执法思路和操作范例。其他执法部门可以参考本案的程序规范，先依法作出拆除决定及追缴决定，在当事人拒不履行时申请法院强制执行，从而有效解决执法过程中因拆除违法设施而产生的费用追缴难题，保障执法工作的顺利开展和公共利益的实现。

（四）相关依据

《中华人民共和国公路法》部分条款内容：

第八十一条　违反本法第五十六条规定，在公路建筑控制区内修建建筑物、地面构筑物或者擅自埋设管线、电缆等设施的，由交通主管部门责令限期拆除，并可以处五万元以下的罚款。逾期不拆除的，由交通主管部门拆除，有关费用由建筑者、构筑者承担。

《中华人民共和国行政强制法》部分条款内容：

第三十四条　行政机关依法作出行政决定后，当事人在行政机关决定的期限内不履行义务的，具有行政强制执行权的行政机关依照本章规定强制执行。

第四十四条　对违法的建筑物、构筑物、设施等需要强制拆除的，应当由行政机关予以公告，限期当事人自行拆除。当事人在法定期限内不申请行政复议或者提起行政诉讼，又不拆除的，行政机关可以依法强制拆除。

第五十三条　当事人在法定期限内不申请行政复议或者提起行政诉讼，又不履行行政决定的，没有行政强制执行权的行政机关可以自期限届满之日起三个月内，依照本章规定申请人民法院强制执行。

第五十四条　行政机关申请人民法院强制执行前，应当催告当事人履行义务。催告书送达十日后当事人仍未履行义务的，行政机关可以向所在地有管辖权的人民法院申请强制执行；执行对象是不动产的，向不动产所在地有管辖权的人民法院申请强制执行。

19　驾培中介无证经营的穿透处罚问题

（一）相关案例

某公司自成立以来主要通过在高德地图、支付宝、抖音等平台发布广告，在多地设置招生点以及购买"驾考宝典"App 信息等方式获取学员信息。该公司冒用驾校名义虚设"驾培总教务""A 驾考—小陈教练""A 驾考—王教练"等微信号收取学员培训费用并多次用公司名义与学员签订虚假合同，安排学员体检；未经驾校同意私下支付费用，联系驾校教练员在驾校场地开展培训；同时利用驾考转籍无须注册落户驾校以及核实学时记录这一情况，安排学员在当地转籍并考取驾驶员证。该公司未如实告知学员实际培训以及异地转籍考试等情况，在学员缴纳费用后拒不退费，学员只能继续接受该公司安排学车。在调查过程中，公司人去楼空，负责人拒不配合调查。

（二）法理分析

1. 案件焦点

对该公司是否可以未经备案非法从事驾驶员培训经营为由进行立案处罚？

2. 要点分析

（1）从事机动车驾驶员培训经营应当办理备案

根据《机动车驾驶员培训管理规定》第二条第二款规定，机动车驾驶员培训业务是指以培训学员的机动车驾驶能力或者以培训道路运输驾驶人员的从业能力为教学任务，为社会公众有偿提供驾驶培训服务的活动。机动车驾驶员培训依据经营项目、培训能力和培训内容实行分类备案。《机动车驾驶员培训管理规定》第十条和第十三条等规定了从事普通机动车驾驶员培训业务的条件和备案要求。机动车驾驶员培训机构应当按照全国统一的教学大纲内容和学时要求，制定教学计划，开展培训教学活动。

（2）案涉行为符合未经备案非法从事驾驶员培训经营构成要件

合同约定了驾驶员培训内容与学时、费用与支付方式、培训流程与预约考试学时要求等，其关于培训机构与学员之间的权利和义务约定具备了驾驶员培训合同的全部要素。合同履行过程亦表明为多名学员提供了全过程驾驶员培训服务，其行为超出了居间服务范畴，应当认定为未经备案从事机动车驾驶员培训经营。交通运输主管部门应当依据《中华人民共和国道路运输条例》第六十五条第三款和《机动车驾驶员培训管理规定》第四十八条第一款第一项的规定对其进行处罚。

（3）电子商务平台经营者法律责任分析

为案涉驾驶员培训中介机构提供信息发布服务的电子商务平台经营者并非中介机构。依据《中华人民共和国电子商务法》第九条第二款规定，本法所称"电子商务平台经营者"，是指在电子商务中为交易双方或者多方提供网络经营场所、交易撮合、信息发布等服务，供交易双方或者多方独立开展交易活动的法人或者非法人组织。案涉电子商务平台为驾驶员培训中介机构提供信息发布服务，最终订单能否成交，取决于中介机构与学员是否协商一致。因此，电子商务平台经营者并非中介机构，其实践中存在的不规范现象主要为发布虚假广告，应当由市场监督管理部门监管。

3. 结论性意见

在有确凿证据证明驾驶员培训中介机构的行为超出居间服务的范畴、实际从事机动车驾驶员培训业务的情形下，其应当被认定为培训机构，由交通运输部门依据《中华人民共和国道路运输条例》第六十五条第三款和《机动车驾驶员培训管理规定》第四十八条第一款第一项的规定对其进行处罚。

（三）典型意义

浙江多地开展"学驾一件事"改革，以学员为中心，打造"一站式"服务，打破交通与公安、卫健等部门的数据壁垒，通过"线上＋线下"联动模式，打造数据中心，开通微信小程序，实现"一数据"贯通。通过"一账户"保障功能，按照"先培后付，计时收费"原则实现培训费用第三方支付监管。各地推进本地特色的"全过程、全链条、全周期"学驾考服务新模式改革，有效加强行业监管和企业管理，有效防止不法中介机构侵害学员合法权益。

同时，本案对跨领域行政执法有四方面示范价值：其一，确立穿透式监管原则。通过合同内容与实际履行情况的综合判断，穿透形式认定经营本质，这对教育培训、医疗美容等中介服务监管具有指导作用。其二，创新数据协同治理模式。交通、公安、卫健的跨系统数据联动机制，可为文化市场、人力资源等领域打击"黑中介"提供路径参考。其三，构建全周期监管体系。"先培后付"第三方资金监管机制，可推广应用于预付费消费领域，通过区块链存证技术实现资金流向可追溯。其四，确立平台主体责任边界。明确信息发布平台与交易撮合平台的责任差异，为网络直播带货、知识付费等新兴业态监管提供区分标准。该案提示行政机关应建立"行为特征清单＋大数据监测＋联合惩戒"的三维监管体系，通过提炼关键行为指标（如合同要素、资金流向、服务闭环等），构建行政违法智能识别模型，实现从被动响应到主动预防的监管转型。

（四）相关依据

《中华人民共和国道路运输条例》部分条款内容：

第六十五条第三款　从事道路货物运输站（场）经营、机动车驾驶员培训业务，未按规定进行备案的，由县级以上地方人民政府交通运输主管部门责令改正；拒不改正的，处 5000 元以上 2 万元以下的罚款。

《机动车驾驶员培训管理规定》部分条款内容：

第二条　从事机动车驾驶员培训业务的，应当遵守本规定。

机动车驾驶员培训业务是指以培训学员的机动车驾驶能力或者以培训道路运输驾驶人员的从业能力为教学任务，为社会公众有偿提供驾驶培训服务的活动。包括对初学机动车驾驶人员、增加准驾车型的驾驶人员和道路运输驾驶人员所进行的驾驶培训、继续教育以及机动车驾驶员培训教练场经营等业务。

第六条第一款　机动车驾驶员培训依据经营项目、培训能力和培训内容实行分类备案。

第十条　从事普通机动车驾驶员培训业务的，应当具备下列条件：

（一）取得企业法人资格。

（二）有健全的组织机构。

包括教学、教练员、学员、质量、安全、结业考核和设施设备管理等组织机构，并明确负责人、管理人员、教练员和其他人员的岗位职责。具体要求按照有关国家标准执行。

（三）有健全的管理制度。

包括安全管理制度、教练员管理制度、学员管理制度、培训质量管理制度、结业考核制度、教学车辆管理制度、教学设施设备管理制度、教练场地管理制度、档案管理制度等。具体要求按照有关国家标准执行。

（四）有与培训业务相适应的教学人员。

1. 有与培训业务相适应的理论教练员。机动车驾驶员培训机构聘用的理论教练员应当具备以下条件：

持有机动车驾驶证，具有汽车及相关专业中专以上学历或者汽车及相关专业中级以上技术职称，具有2年以上安全驾驶经历，掌握道路交通安全法规、驾驶理论、机动车构造、交通安全心理学、常用伤员急救等安全驾驶知识，了解车辆环保和节约能源的有关知识，了解教育学、教育心理学的基本教学知识，具备编写教案、规范讲解的授课能力。

2. 有与培训业务相适应的驾驶操作教练员。机动车驾驶员培训机构聘用的驾驶操作教练员应当具备以下条件：

持有相应的机动车驾驶证，年龄不超过60周岁，符合一定的安全驾驶经历和相应车型驾驶经历，熟悉道路交通安全法规、驾驶理论、机动车构造、交通安全心理学和应急驾驶的基本知识，了解车辆维护和常见故障诊断等有关知识，具备驾驶要领讲解、驾驶动作示范、指导驾驶的教学能力。

3. 所配备的理论教练员数量要求及每种车型所配备的驾驶操作教练员数量要求应当按照有关国家标准执行。

（五）有与培训业务相适应的管理人员。

管理人员包括理论教学负责人、驾驶操作训练负责人、教学车辆管理人员、结业考核人员和计算机管理人员等。具体要求按照有关国家标准执行。

（六）有必要的教学车辆。

1. 所配备的教学车辆应当符合国家有关技术标准要求，并装有副后视镜、副制动踏板、灭火器及其他安全防护装置。具体要求按照有关国家标准执行。

2. 从事一级普通机动车驾驶员培训的，所配备的教学车辆不少于80辆；从事二级普通机动车驾驶员培训的，所配备的教学车辆不少于40辆；从事三级普通机动车驾驶员培训的，所配备的教学车辆不少于20辆。具体要求按照有关国家标准执行。

（七）有必要的教学设施、设备和场地。

具体要求按照有关国家标准执行。租用教练场地的，还应当持有书面租赁合同和出租方土地使用证明，租赁期限不得少于3年。

第四十八条　违反本规定，从事机动车驾驶员培训业务，有下列情形之一的，由交通运输主管部门责令改正；拒不改正的，处5000元以上2万元以下的罚款：

（一）从事机动车驾驶员培训业务未按规定办理备案的；

（二）未按规定办理备案变更的；

（三）提交虚假备案材料的。

有前款第三项行为且情节严重的，其直接负责的主管人员和其他直接责任人员 5 年内不得从事原备案的机动车驾驶员培训业务。

《中华人民共和国电子商务法》部分条款内容：

第九条 本法所称电子商务经营者，是指通过互联网等信息网络从事销售商品或者提供服务的经营活动的自然人、法人和非法人组织，包括电子商务平台经营者、平台内经营者以及通过自建网站、其他网络服务销售商品或者提供服务的电子商务经营者。

本法所称电子商务平台经营者，是指在电子商务中为交易双方或者多方提供网络经营场所、交易撮合、信息发布等服务，供交易双方或者多方独立开展交易活动的法人或者非法人组织。

本法所称平台内经营者，是指通过电子商务平台销售商品或者提供服务的电子商务经营者。

20　执法文书送达程序合规管理问题

（一）相关案例

省外货运企业车辆违法超限运输时，执法人员在案发现场制作《送达地址确认书》，由驾驶员提供地址、联系人及联系电话等信息并签字确认。执法机关按《送达地址确认书》上的信息，用邮寄方式送达执法文书。

（二）法理分析

1. 案件焦点

执法机关在采用邮寄送达、电子送达、公告送达等常见送达方式时，如何保障执法文书有效送达？影响送达有效性的要点分别有哪些？

2. 要点分析

（1）关于邮寄送达

执法机关根据当事人或其受委托人签署的《送达地址确认书》邮寄送达执法文书，合法有效。但在无法提供合法有效的《送达地址确认书》的情况下，采取邮寄送达时可通过以下三种方式获取邮寄信息：①执法人员在案发现场制作《送达地址确认书》，由驾驶员提供地址、联系人及联系电话等相关信息，并进行签字确认；②通过网络查询平台，如天眼查等平台查询企业营业注册登记信息，通过114查询企业对外联系电话；③给当事人企业所在地管理部门发协查函，请求当地管理部门提供企业联系方式及公司负责人电话等信息。但上述方式存在委托权限缺乏、信息更新不及时、省外协查部门不明等弊端，邮寄送达回执上通常出现"代签收"，导

致邮寄送达有效性存疑。现阶段建议采用多个邮寄地址送达的方式。对于事后没有联系处理的，可以配合采用公告送达方式。

（2）关于电子送达

在当事人同意并确认电子邮箱、传真号等信息的前提下，可采取电子送达的方式。文书一旦进入当事人确认的系统即视为送达。推动建立覆盖广泛的电子送达系统，在企业申请行政许可及办理其他事务时，可优化《送达地址确认书》的内容，引导采用包括电子送达在内的多种方式，并向当事人明确变更地址须及时告知的法律义务。

（3）关于公告送达

在其他方式无法送达或受送达人下落不明的情况下适用公告送达。公告方式包括通过政务平台、本机关或本级政府网站、当地主要新闻媒体等进行公告。公告期限应符合法律规定，一般不得少于 10 日，紧急情况不少于 3 日。公告内容须明确受送达人、法律文书名称及公告原因。通过网络平台发布公告的，可以通过多个平台及办事 App 等进行发布，但至少应当包含政务平台、本机关或本级政府网站中的一项，以增强公告的有效性。

3. 结论性意见

行政机关可以根据具体情况选择直接送达、留置送达、邮寄送达、委托送达、电子送达、公告送达等方式送达行政执法文书。《中华人民共和国行政处罚法》《中华人民共和国行政强制法》等法律对行政机关送达行政处罚决定书、催告书、行政强制执行决定书等有明确规定的，从其规定；没有明确规定的，适用《浙江省行政程序办法》《交通运输行政执法程序规定》关于送达的规定。

（三）典型意义

有效保障执法文书送达的合法性与时效性，可以减少潜在的法律争议。对交通运输领域而言，提升跨区域协作效率尤为重要。推动建立跨省行政协作机制，明确协作流程与规范，实现信息共享。鼓励受送达人优先选择电子送达，提升行政效率。

同时，本案提炼的送达规则对多领域行政执法具有普遍指导意义。在市场监管领域，可破解网络经营主体注册地虚设难题，通过物流信息反推实际经营地址；在生态环境执法中，能有效应对排污企业"玩失踪"现象，运用污染源在线监控数据关联送达信息；在文化执法方面，可规制网络直播平台主体隐匿问题，依托网信部门 IP 定位技术固定送达地址。关键要建立"四维印证"机制：以行政登记信息为基础维度、实时通信记录为动态维度、协作部门数据为辅助维度、公告系统覆盖为保障维度。建议推行送达信息区块链存证，将每个送达节点的电子凭证（邮寄面单、系统投递记录、公告截图）实时上链，形成不可篡改的送达证据链，为后续行政执行提供坚实的程序保障。

（四）相关依据

《中华人民共和国行政处罚法》部分条款内容：

第六十一条　行政处罚决定书应当在宣告后当场交付当事人；当事人不在场的，行政机关应当在七日内依照《中华人民共和国民事诉讼法》的有关规定，将行政处罚决定书送达当事人。

当事人同意并签订确认书的，行政机关可以采用传真、电子邮件等方式，将行政处罚决定书等送达当事人。

《浙江省行政程序办法》部分条款内容：

第六十六条　行政机关可以根据具体情况选择直接送达、留置送达、邮寄送达、委托送达、电子送达等方式送达行政执法文书；受送达人下落不明或者采用上述方式无法送达的，可以采用公告送达的方式。行政处罚、行政强制等法律对行政机关送达行政处罚决定书、催告书、行政强制执行决定书等有明确规定的，从其规定。

第六十七条　行政机关直接送达行政执法文书的，可以通知受送达人到行政机关所在地领取，或者到受送达人住所地、其他约定地点直接送交受送达人。当事人在送达回证上的签收日期为送达日期。

受送达人拒绝签收行政执法文书，行政机关采取下列措施之一，并把行政执法文书留在受送达人的住所的，视为送达：

（一）采用拍照、录像、录音等方式记录送达过程；

（二）邀请有关基层组织或者所在单位的代表到场，说明情况，在送达回证上记明拒收事由和日期，由送达人、见证人签名或者盖章；

（三）邀请公证机构见证送达过程。

行政机关工作人员应当在送达回证上注明送达情况并签名。

第六十八条　行政机关通过邮政企业邮寄送达行政执法文书，邮寄地址为受送达人与行政机关确认的地址的，送达日期为受送达人收到邮件的日期。因受送达人自己提供的地址不准确、地址变更未及时告知行政机关、受送达人本人或者其指定的代收人拒绝签收以及逾期未签收，导致行政执法文书被邮政企业退回的，行政执法文书退回之日视为送达日期。

第六十九条　行政机关可以委托有关机关、单位转交行政执法文书。代为转交的机关、单位收到行政执法文书后，应当立即交受送达人签收，送达回证上的签收日期为送达日期。

第七十条　除行政执法决定文书外，行政机关经受送达人同意，可以通过传真、电子邮件等方式送达行政执法文书。

向受送达人确认的电子邮箱送达行政执法文书的，自电子邮件进入受送达人特定系统的日期为送达日期。

第七十一条　行政机关公告送达行政执法文书的，应当通过浙江政务服务网（电子政务平台）、本机关或者本级人民政府门户网站公告。

行政机关可以根据需要在当地主要新闻媒体公告或者在受送达人住所地、经营场所或者所在的村（居）民委员会公告栏公告。

公告期限为10日，因情况紧急或者保障公共安全、社会稳定需要的，可以适当缩短公告期限，但不得少于3日。公告期限届满视为送达。法律、法规对公告期限另有规定的，从其规定。

《交通运输行政执法程序规定》部分条款内容：

第十八条　执法部门应当按照下列规定送达执法文书：

（一）直接送交受送达人，由受送达人记明收到日期，签名或者盖章，受送达人的签收日期为送达日期。受送达人是公民的，本人不在交其同住的成年家属签收；受送达人是法人或者其他组织的，应当由法人的法定代表人、该组织的主要负责人或者办公室、收发室、值班室等负责收件的人签收或者盖章；当事人指定代收人的，交代收人签收。受送达人的同住成年家属，法人或者其他组织的负责收件的人或者代收人在《送达回证》上签收的日期为送达日期；

（二）受送达人或者他的同住成年家属拒绝接收的，可以邀请受送达人住所地的居民委员会、村民委员会的工作人员或者受送达人所在单位的工作人员作见证人，说明情况，在《送达回证》上记明拒收事由和日期，由执法人员、见证人签名或者盖章，将执法文书留在受送达人的住所；也可以把执法文书留在受送达人的住所，并采取拍照、录像等方式记录送达过程，即视为送达；

（三）经受送达人同意，可以采用传真、电子邮件、移动通信等能够确认其即时收悉的特定系统作为送达媒介电子送达执法文书。受送达人同意采用电子方式送达的，应当在送达地址确认书中予以确认。采取电子送达方式送达的，以执法部门对应系统显示发送成功的日期为送达日期，但受送达人证明到达其确认的特定系统的日期与执法部门对应系统显示发送成功的日期不一致的，以受送达人证明到达其特定系统的日期为准；

（四）直接送达有困难的，可以邮寄送达或者委托其他执法部门代为送达。委托送达的，受委托的执法部门按照直接送达或者留置送达方式送达执法文书，并及时将《送达回证》交回委托的执法部门。邮寄送达的，以回执上注明的收件日期为送达日期。执法文书在期满前交邮的，不算过期；

（五）受送达人下落不明或者用上述方式无法送达的，采取公告方式送达，说明公告送达的原因，并在案卷中记明原因和经过。公告送达可以在执法部门的公告栏和受送达人住所地张贴公告，也可以在报纸、信息网络等媒体上刊登公告，发出公告日期以最后张贴或者刊登的日期为准，经过六十日，即视为送达。在受送达人住所地张贴公告的，应当采取拍照、录像等方式记录张贴过程。

第二编

港航领域

1 码头无证经营与超范围经营的界定问题

（一）相关案例

港航执法部门在执法过程中发现码头经营人 B 在泊位 1 为船舶提供装卸服务。经调查，泊位 1 和泊位 2 为相邻泊位，码头经营人 B 取得了泊位 2 的港口经营许可，但并未取得泊位 1 的港口经营许可。

（二）法理分析

1. 案件焦点

码头经营人 B 在未取得港口经营许可的泊位 1 进行装卸，对其进行处罚时应认定为无证经营还是超范围经营？

针对上述焦点问题，实践中存在以下分歧意见。

第一种意见：应认定为超范围经营。认定无证经营的前提是当事人未取得港口经营许可，码头经营人 B 取得了泊位 2 的港口经营许可，泊位 1 虽与泊位 2 相邻，但并没有在经营许可范围之内。

第二种意见：应认定为无证经营。港口经营许可是针对泊位是否满足各种条件所设定的许可，具有极强的地域性。B 未取得泊位 1 的港口经营许可证，就证明该泊位不具备可以进行装卸货物的条件，属于无证经营。

2. 要点分析

①超范围经营是指超越许可的港口经营活动范围。《浙江省港口管理

条例》第二十一条明确规定了应当依法取得港口经营许可证的五类港口经营活动，包括从事码头和其他港口设施经营，港口旅客运输服务经营，在港区内从事货物的装卸、驳运、仓储经营，港口拖轮经营等，并在第四十六条对港口经营人超越经营许可范围从事港口经营活动设置了罚则。因此，超范围经营应当依法从经营许可范围层面予以认定。

②无证经营是指未取得港口经营许可从事港口经营活动。《浙江省港口管理条例》第四十七条规定，港口经营人改变已经核准的场地、设备、设施，或者未按规定配备专业技术人员和管理人员等，导致其与本条例第二十二条规定的相应许可条件不符的，由所在地港口主管部门责令限期整改；逾期不整改或者整改后仍不符合规定条件的，吊销港口经营许可证。该规定说明了场地的变更会导致与相应许可条件不符，从而被吊销港口经营许可证，构成无证经营。因此，在未经许可的泊位为船舶提供装卸服务属于无证经营。

3. 结论性意见

码头经营人 B 在其未取得港口经营许可证的泊位 1 为船舶提供装卸服务，属于无证经营。

（三）典型意义

通过"许可地域性"与"经营内容范围"双维度区分无证经营与超范围经营，符合《中华人民共和国港口法》第二十二条的立法本意，并结合地方性法规吊销许可证的相关规定来看，超范围经营指的是超越经营活动内容而非超越核准的地域范围开展经营。日常执法中应当深入研究执法依据，无证经营罚款额度大大高于超范围经营，准确适用案由才能遵循行政处罚过罚相当原则，才能最大限度地起到震慑作用。

同时，本案揭示的"许可空间效力边界"认定规则对多领域具有普适性指导意义。在矿产资源监管中，可界定采矿权坐标范围外的开采行为属无证采矿；在危险化学品管理中，能判定储存场所超出许可罐区范围属非法存储；在医疗器械领域，可识别诊疗机构在未备案手术室开展项目属无证行医。关键在于建立"四步认定法"：①核对行政许可载明的空间参数；②勘验实际经营场所地理坐标；③判断位置偏差是否导致许可条件失效；④评估是否产生新的监管风险点。建议推行"许可电子围栏"制度，将经营场所 GPS 坐标纳入许可证照二维码，执法人员可通过执法终端实时比对实际经营位置与许可范围，实现精准化监管。

（四）相关依据

《中华人民共和国港口法》部分条款内容：

第二十二条　从事港口经营，应当向港口行政管理部门书面申请取得港口经营许可，并依法办理工商登记。

港口行政管理部门实施港口经营许可，应当遵循公开、公正、公平的原则。

港口经营包括码头和其他港口设施的经营，港口旅客运输服务经营，在港区内从事货物的装卸、驳运、仓储的经营和港口拖轮经营等。

第四十九条　未依法取得港口经营许可证从事港口经营，或者港口理货业务经营人兼营货物装卸经营业务、仓储经营业务的，由港口行政管理部门责令停止违法经营，没收违法所得；违法所得十万元以上的，并处违法所得二倍以上五倍以下罚款；违法所得不足十万元的，处五万元以上二十万元以下罚款。

《浙江省港口管理条例》部分条款内容：

第二十一条　从事下列港口经营活动，应当依法取得港口经营许可证，并办理工商登记：

（一）从事码头和其他港口设施经营；

（二）港口旅客运输服务经营；

（三）在港区内从事货物的装卸、驳运、仓储经营；

（四）港口拖轮经营；

（五）其他依法需要取得港口经营许可的港口经营活动。

港口经营人应当在经营许可证核准的范围内从事经营活动。

第四十六条　违反本条例第二十一条第二款规定，港口经营人超越经营许可范围从事港口经营活动的，由所在地港口主管部门责令停止违法经营，没收违法所得，对沿海港口经营人处二万元以上十万元以下罚款，对内河港口经营人处五千元以上五万元以下罚款。

第四十七条　港口经营人改变已经核准的场地、设备、设施，或者未按规定配备专业技术人员和管理人员等，导致其与本条例第二十二条规定的相应许可条件不符的，由所在地港口主管部门责令限期整改；逾期不整改或者整改后仍不符合规定条件的，吊销港口经营许可证。

2 职务行为穿透审查中个人行为与职务行为认定问题

（一）相关案例

2023 年 4 月，因合作卸货用的 A 码头没有空余泊位，舟山某建材公司负责材料业务的职员擅自指引船舶停到附近废弃的 B 码头，并利用船上的自卸设备将建材卸载到码头货车上。B 码头属于附近的渔村，并未取得港口经营许可，此次卸货行为当场被港航执法部门查获。

（二）法理分析

1. 案件焦点

该公司职员行为是否属于职务行为，如何认定处罚对象，法律责任由谁承担？

针对上述焦点问题，实践中存在以下分歧意见。

第一种意见：公司职员行为属于个人行为，其法律后果应由个人承担，公司不承担港口无证经营的法律责任。

第二种意见：公司职员行为属于职务行为，公司应承担港口无证经营的法律责任。

2. 要点分析

根据《中华人民共和国港口法》第二十二条等规定，舟山某建材公司利用废弃 B 码头从事货物装卸作业的行为属于未取得港口经营许可的违法行为。《中华人民共和国民法典》第一百七十条明确规定了职务行为的法律效力。据此，本案中职员自行决定至废弃 B 码头卸货的行为属于职务行为，对公司发生效力。

学理上一般认为，职务行为属于职务代理的范畴，职务行为通常是指工作人员行使职务的行为，是履行职责的活动，与工作人员的个人行为相对应。判断工作人员的行为是否属于职务行为，通常应根据以下五个要素综合判定：①行为人的行为是否获得经营者的授权，其与经营者之间是否存在雇佣关系；②行为人的行为是否发生在工作时间和工作场所；③行为人的行为是否以经营者的名义或身份实施；④行为人的行为与职务是否有内在的联系；⑤利益归属，即行为人的行为结果是否归属于所在单位，并考察客观上行为结果的利益归属状态。

就本案而言，公司负责材料业务的职员与舟山某建材公司形成劳动关系，而不是委托关系、劳务关系或承揽关系等其他法律关系。虽然职员的行为没有获得舟山某建材公司的直接授权，但是职员的行为发生在工作时间内，以公司职员的身份自行决定指引船舶至附近废弃 B 码头卸货，是为了履行工作职责，其行为与工作职务存在必然联系。同时，本案中这批建材装卸与舟山某建材公司的相关工程有直接关联性，公司是该违法行为的最终利益归属者。

3. 结论性意见

案涉公司职员行为属于职务行为，处罚对象应为公司，由公司承担港口无证经营的法律责任。

（三）典型意义

公司从事经营活动须确保取得相应的许可，以遵守相关的法律法规。职工的职务行为法律后果最终由公司承担，无论公司是否放任职工的违法行为，以职工个人行为为理由规避行政监管难以成立。因此，公司应当加强对内部员工的管理，切实将行业普法落实到每一个员工。

同时，本案的处理方式对其他行政执法领域也具有重要的指导意义。例如在城市管理、环境保护等领域的执法中，同样会面临如何认定个人行为与职务行为的问题。本案明确了对职务行为的认定标准和法律责任的承担主体，为其他执法部门提供了清晰的执法思路和操作范例。其他执法部门可以参考本案的程序规范，先依法认定行为人的行为性质，再依据相关法律法规进行处罚，从而有效解决执法过程中因行为性质认定不清而产生的监管难题，保障执法工作的顺利开展和公共利益的实现。

（四）相关依据

《中华人民共和国民法典》部分条款内容：

第一百七十条　执行法人或者非法人组织工作任务的人员，就其职权范围内的事项，以法人或者非法人组织的名义实施的民事法律行为，对法人或者非法人组织发生效力。

法人或者非法人组织对执行其工作任务的人员职权范围的限制，不得对抗善意相对人。

《中华人民共和国港口法》部分条款内容：

第二十二条　从事港口经营，应当向港口行政管理部门书面申请取得港口经营许可，并依法办理工商登记。

港口行政管理部门实施港口经营许可，应当遵循公开、公正、公平的原则。

港口经营包括码头和其他港口设施的经营，港口旅客运输服务经营，在港区内从事货物的装卸、驳运、仓储的经营和港口拖轮经营等。

《浙江省港口管理条例》部分条款内容：

第二十一条　从事下列港口经营活动，应当依法取得港口经营许可证，并办理工商登记：

（一）从事码头和其他港口设施经营；

（二）港口旅客运输服务经营；

（三）在港区内从事货物的装卸、驳运、仓储经营；

（四）港口拖轮经营；

（五）其他依法需要取得港口经营许可的港口经营活动。

港口经营人应当在经营许可证核准的范围内从事经营活动。

3 小型娱乐船舶监管适用罚则问题

（一）相关案例

某市交通运输局行政执法人员在 A 水域检查时发现，余某某用于游乐水上活动的游乐船在划定的水域范围外活动。现各类小型娱乐性船舶被广泛使用，亟须对此加强监管，但对此该适用哪种罚则还存在较大争议。

（二）法理分析

1. 案件焦点

小型娱乐性船舶是否需要进行船舶登记？用于漂流、游乐等水上活动的小型娱乐性船舶是否限于法条列举范围？对小型娱乐性船舶监管是适用超越划定水域范围活动的罚则还是适用危害航道通航安全的罚则？

2. 要点分析

（1）长度小于 5 米的小型娱乐性船舶缺乏强制登记法定依据

《中华人民共和国船舶登记条例》第五十六条第一款关于船舶的定义中明确排除长度小于 5 米的艇筏，《中华人民共和国船舶登记办法》第七十五条规定"长度小于 5 米的艇筏的登记可以参照本办法执行"。因此，长度小于 5 米的小型娱乐性船舶不属于应予登记范围。

（2）对于无强制登记要求的船舶，不宜适用船舶证书管理类罚则

《中华人民共和国内河交通安全管理条例》第九十一条第二款关于船舶的定义虽未对船舶的长度作限制性规定，但鉴于上述小型娱乐性船舶登记规定，实践中可以根据需要出台长度小于 5 米的小型娱乐型船舶分类管

理办法，如分为无动力船舶和有动力船舶进行管理。对于未要求强制登记的小型娱乐型船舶，不适用《中华人民共和国内河交通安全管理条例》中有关船只"未持有合格的检验证书擅自航行、作业""未取得适任证书或者其他适任证件的人员擅自从事船舶航行"的罚则。

（3）《浙江省水上交通安全管理条例》第三十五条关于用于漂流、游乐等水上活动的船舶类型并不限于法条列举范围

该条中的"等"字应作扩大理解。根据《最高人民检察院对十三届全国人大三次会议第1808号建议的答复》，对于《关于在法律法规、司法解释中进一步规范使用"等"字的建议》的意见回复中提到："关于'等'字的使用，司法解释中一般有两种情形：一是表示列举后煞尾，即'等内等'；二是表示列举未尽，即'等外等'。最高人民检察院以往制定的司法解释中，'等'字多数是在第二种情况中使用，表示列举未尽。"《浙江省水上交通安全管理条例》第三十五条中的"等"字，应当理解为列举未尽，即虽然无动力帆船、小型游钓艇等娱乐船舶并未明文列举，但其用于漂流、游乐等水上活动时，适用该条关于不得超越划定的水域范围活动的规定。

（4）可以通过划定水域范围的方式加强对小型娱乐性船舶监管，符合条件的可适用危害航道通航安全的罚则

对超越水上休闲运动项目活动水域范围的船舶，可以依据《浙江省水上交通安全管理条例》第三十五条、第五十七条的相关规定予以处罚。针对实践中普遍存在的未划定活动水域范围的情况，海事管理机构、交通运输主管部门、政府确定的负有水上活动安全监督管理职责的部门或者机构可以依法加强划定水域范围的工作。同时，对小型娱乐船舶擅自进入航道构成影响航道交通安全的，可适用《中华人民共和国航道法》第三十五条、第四十二条的规定予以处罚。

3. 结论性意见

对于长度小于5米的小型娱乐性船舶暂缺乏强制登记法定依据。小型娱乐性船舶属于法条列举的用于漂流、游乐等水上活动的设施范围，对其

监管既可以适用超越划定的水域范围活动的罚则，也可以适用危害航道通航安全的罚则。

（三）典型意义

对于小型娱乐性船舶水上活动，群众往往法律意识不强，超范围活动的违法行为时有发生。对此，需加强划定娱乐性船舶活动水域范围相关工作，并加强法治宣传，在违规事件高发区域设置标识、宣传标语等。同时，在水上交通安全管理立法或者修法时可完善小型娱乐性船舶登记及管理规定，使得执法依据更令人信服。

同时，本案例对跨领域行政执法具有多重示范意义：其一，确立分类监管原则，为新兴业态管理提供范式。面对共享经济、网红经济等新形态，可参照"动力／无动力"分类标准，建立差异化监管体系。其二，示范法律解释方法的应用。通过文义解释、体系解释等方法破解法律滞后难题，为网约车监管、无人机管理等领域提供方法论参考。其三，创新"柔性监管＋刚性执法"结合机制。划定活动范围的行政指导措施，与事后处罚形成监管闭环，该模式可延伸至露天经营区管理、临时摊贩区设置等城市治理场景。其四，展现多部门协同治理路径。建立交通、海事、文旅部门的联合监管机制，为河湖长制、生态环境综合执法等提供协同治理样板。其五，验证普法教育在执法效能提升中的基础作用。该经验可直接移植至电动自行车管理、垃圾分类执法等民生领域。

（四）相关依据

《中华人民共和国航道法》部分条款内容：

第三十五条　禁止下列危害航道通航安全的行为：

（一）在航道内设置渔具或者水产养殖设施的；

（二）在航道和航道保护范围内倾倒砂石、泥土、垃圾以及其他废弃物的；

（三）在通航建筑物及其引航道和船舶调度区内从事货物装卸、水上加油、船舶维修、捕鱼等，影响通航建筑物正常运行的；

（四）危害航道设施安全的；

（五）其他危害航道通航安全的行为。

第四十二条 违反本法规定，有下列行为之一的，由负责航道管理的部门责令改正，对单位处五万元以下罚款，对个人处二千元以下罚款；造成损失的，依法承担赔偿责任：

（一）在航道内设置渔具或者水产养殖设施的；

（二）在航道和航道保护范围内倾倒砂石、泥土、垃圾以及其他废弃物的；

（三）在通航建筑物及其引航道和船舶调度区内从事货物装卸、水上加油、船舶维修、捕鱼等，影响通航建筑物正常运行的；

（四）危害航道设施安全的；

（五）其他危害航道通航安全的行为。

《浙江省水上交通安全管理条例》部分条款内容：

第三十五条 用于漂流、游乐等水上活动的竹筏、橡皮艇、摩托艇、水上自行车、脚踏船、水上气球等不得超越划定的水域范围活动。

前款规定的水域范围由海事管理机构、交通运输主管部门、政府确定的负有水上活动安全监督管理职责的部门或者机构划定。从事漂流、游乐等水上活动的经营单位应当在划定的水域范围的边界设置明显标志。

第五十七条 违反本条例第三十五条第一款规定，用于漂流、游乐等水上活动的竹筏、橡皮艇、摩托艇、水上自行车、脚踏船、水上气球等超越划定的水域范围活动的，由海事管理机构、交通运输主管部门、政府确定的负有水上活动安全监督管理职责的部门或者机构按照管理职责责令改正，对违法行为人可以处五百元以上三千元以下罚款。

4 航道倾倒废弃物的违法主体认定问题

（一）相关案例

A市交通运输局执法人员调查发现一保洁船将草料垃圾倾倒到航道的违法事实。其中，王某某驾驶保洁船，张某某负责倾倒垃圾。

（二）法理分析

1. 案件焦点

对于此种情况，应当如何确定处罚对象？是个人还是单位？对于船舶驾驶人能否按照"共同违法"处理？

针对上述焦点问题，实践中存在以下分歧意见。

第一种意见：处罚对象为个人，船上两人应按照"共同违法"并案处理。

第二种意见：处罚对象为单位，船上两人的行为为职务行为。

第三种意见：个人与单位为"共同违法"。

2. 要点分析

①在没有单位指派的情况下，船上两人属"共同违法"，应当将两人的违法行为合并处罚。共同违法指两个以上主体基于共同故意，为实现同一违法结果，实施相互配合、相互联系的行为，且行为具有实质上的统一性。本案中，若无单位指派，王某某与张某某基于共同故意实施违法行为，行为具备相互配合性。王某某驾驶保洁船运送垃圾至倾倒点，张某某负责倾倒垃圾，两人分工明确，形成一个整体违法行为，属于共同违法。

如果共同违法行为是整体行为，不宜对每个违法主体单独评价和处罚，而应对所有违法主体作统一认定并合并处罚。合并处罚时应依据各主体在共同违法中的作用程度，差异化确定处罚幅度。

②在单位指派的情况下，船上两人的行为属职务行为，应当将单位作为处罚对象。职务行为不受个人意志支配，职务行为通常表现为行为人在单位授权范围内，依职责或职务开展工作；其行为与单位利益直接相关，违法后果最终由单位享有或承担。

③本案中个人与单位不构成共同违法。单位与个人构成共同违法，一般需满足以下要求：第一，单位与个人基于共同目的实施违法行为，且违法后果与二者利益直接相关；第二，个人为单位负责人或需承担法律规定的特殊责任。本案中，若倾倒垃圾的行为是因单位指派，个人行为与单位职务行为本质上是统一的，违法行为的法律后果由单位承担，个人不单独作为处罚对象。

3. 结论性意见

若查明本次倾倒废弃物行为主体为个人，则船上两人构成共同违法，应共同作为处罚对象；若查明本次倾倒废弃物行为主体为单位，则处罚对象为单位，个人不对外承担责任。本案中个人与单位不构成共同违法。

（三）典型意义

在制定行政处罚裁量基准时，对共同违法的责任认定原则作出具体规定。共同违法行为的处罚坚持合并处罚、责任分担、禁止重复处罚、优先追究主责人的原则。对于行为分工不明确、各主体作用程度大致相同的，可按等分方式承担责任。对于行为分工明确、各主体作用程度差异较大的，应根据行为人作用大小、参与程度和故意程度合理划分责任比例。

同时，本案例对跨领域行政执法具有多重启示：其一，确立"行为性质穿透"认定原则，为网络平台用工、外卖骑手管理等新型劳动关系中的责任认定提供范式；其二，示范"单位意志"识别标准，在环境执法中可参照判定企业排污行为系个人偷排还是单位指使；其三，构建"双重过滤"判断机制，即先判定行为属性（职务／个人）再确定责任主体，该流程可移植至食品安全领域处理摊贩与市场开办方的责任划分；其四，明确共同违法的"行为协同性"要件，为查处传销活动、非法集资等涉众型违法提供认定标准；其五，确立差异化处罚梯度，该裁量方法可直接应用于建设工程领域违法转包、挂靠等复合型违法情形。

（四）相关依据

《中华人民共和国航道法》部分条款内容：

第三十五条　禁止下列危害航道通航安全的行为：

（一）在航道内设置渔具或者水产养殖设施的；

（二）在航道和航道保护范围内倾倒砂石、泥土、垃圾以及其他废弃物的；

（三）在通航建筑物及其引航道和船舶调度区内从事货物装卸、水上加油、船舶维修、捕鱼等，影响通航建筑物正常运行的；

（四）危害航道设施安全的；

（五）其他危害航道通航安全的行为。

第四十二条　违反本法规定，有下列行为之一的，由负责航道管理的部门责令改正，对单位处五万元以下罚款，对个人处二千元以下罚款；造成损失的，依法承担赔偿责任：

（一）在航道内设置渔具或者水产养殖设施的；

（二）在航道和航道保护范围内倾倒砂石、泥土、垃圾以及其他废弃物的；

（三）在通航建筑物及其引航道和船舶调度区内从事货物装卸、水上加油、船舶维修、捕鱼等，影响通航建筑物正常运行的；

（四）危害航道设施安全的；

（五）其他危害航道通航安全的行为。

5 船舶超限作业风险分级裁量及处罚问题

（一）相关案例

A 市交通运输局执法人员通过"智慧海事"综合监管平台发现"某华10 号"存在异常情况。按照《浙江省地方海事辖区内河通航管理规定》第八条，该船属于除集装箱船（含载运集装箱的多用途船舶）外的其他船舶类型，违反了进入航区（四级）高等级航道的船舶总长不得大于 55 米，总宽不得大于 10.80 米的规定。经调查，该超尺度船舶未经交通运输主管部门批准，强行进入航行条件受到限制的区域并于完成装货后驶离。本航次航行过程中未发生交通事故。

（二）法理分析

1. 案件焦点

超尺度船舶在限行区域短暂停留后驶出，应将其视为两个独立航次和违法行为分别处罚，还是认定为一个违法行为？

2. 要点分析

（1）本案由的适用与航次界定不具有实质关联性

航次通常指船舶自上一航次卸空所载货物时起，至本航次卸空所载货物时止的周期。一般来讲，航次是从出发港到目的港的整个过程，而同一航次中可临时停靠多个区域。本案关键和决定性依据并非航次的界定，航次界定仅具有辅助作用，为违法行为的整体性评估提供参考。

（2）本案由的适用关键在于对违法行为"连续性"或"独立性"的认定

从本质上看，航次的讨论虽然涉及船舶运行过程的描述，但并非判定是否"多次违法"的直接依据。关键在于法律对违法行为"连续性"或"独立性"的认定。超尺度船舶未经许可进入限行区域、完成作业后驶离，这整个过程的违法性质是基于一次违反航道管控规定的行为，而非多次独立行为，违法行为具有连续性。进入限行区域与驶离区域具有直接因果关系，其核心目的在于完成单次装卸作业，这种因果关联支持违法行为整体认定为一次连续违法行为。

3. 结论性意见

超尺度船舶进出限行区域的过程应认定为一次连续的违法行为，仅进行一次行政处罚。

（三）典型意义

本案处罚应以违法行为的整体性为核心，不纠结于航次的界定，而是着眼于违法行为的完整过程。同时，应当严格适用过罚相当等原则，对基于相同违法目的同一违法行为，不重复处罚，避免过度执法。

同时，本案例对跨领域行政执法具有多重启示：其一，确立"行为整体性"认定标准，为查处建筑工地夜间连续施工噪声、餐饮单位跨时段占道经营等持续性违法提供裁量基准；其二，示范"目的同一性"判断方法，在环境执法中可参照认定企业持续超标排放行为属单次违法；其三，构建"时空关联性"评估体系，该评估体系可应用于处理市场监管领域中电商促销活动的跨平台违规行为；其四，明确"结果吸收"适用规则，为自然资源部门查处非法采矿行为中"采、运、销"链条式违法提供处置指引；其五，验证技术监控数据的证据效力，"智慧海事"系统的应用经验可移植至生态环境非现场执法、城市管理 AI（人工智能）巡查等场景。

（四）相关依据

《中华人民共和国内河交通安全管理条例》部分条款内容：

第二十条　船舶进出港口和通过交通管制区、通航密集区或者航行条件受限制的区域，应当遵守海事管理机构发布的有关通航规定。

任何船舶不得擅自进入或者穿越海事管理机构公布的禁航区。

第六十八条　违反本条例的规定，船舶在内河航行时，有下列情形之一的，由海事管理机构责令改正，处 5000 元以上 5 万元以下的罚款；情节严重的，禁止船舶进出港口或者责令停航，并可以对责任船员给予暂扣适任证书或者其他适任证件 3 个月至 6 个月的处罚：

（一）未按照规定悬挂国旗，标明船名、船籍港、载重线的；

（二）未按照规定向海事管理机构报告船舶的航次计划、适航状态、船员配备和载货载客等情况的；

（三）未按照规定申请引航的；

（四）擅自进出内河港口，强行通过交通管制区、通航密集区、航行条件受限制区域或者禁航区的；

（五）载运或者拖带超重、超长、超高、超宽、半潜的物体，未申请或者未按照核定的航路、时间航行的。

《中华人民共和国内河海事行政处罚规定》部分条款内容：

第十六条　违反《内河交通安全管理条例》第十四条、第十八条、第十九条、第二十条、第二十二条的规定，船舶在内河航行有下列行为之一的，依照《内河交通安全管理条例》第六十八条的规定，责令改正，处以 5000 元以上 5 万元以下罚款；情节严重的，禁止船舶进出港口或者责令停航，并可以对责任船员给予扣留船员适任证书或者其他适任证件 3 个月至 6 个月的处罚：

（一）未按照规定悬挂国旗；

（二）未按照规定标明船名、船籍港、载重线，或者遮挡船名、船籍港、载重线；

（三）国内航行船舶进出港口未按照规定向海事管理机构报告船舶的航次计划、适航状态、船员配备和载货载客等情况，国际航行船舶未按照规定办理进出口岸手续；

（四）未按照规定申请引航；

（五）船舶进出港口和通过交通管制区、通航密集区、航行条件受到限制区域，未遵守海事管理机构发布的特别规定；

（六）船舶无正当理由进入或者穿越禁航区；

（七）载运或者拖带超重、超长、超高、超宽、半潜的物体，未申请核定航路、航行时间或者未按照核定的航路、时间航行。

6　水路运输违法所得认定问题

（一）相关案例

在"未经许可擅自经营水路运输业务"类案件行政处罚决定书的查明事实部分，普遍存在"尚未收取费用"这一表述。案件证据里有水路运输经营者已完成多次相关运输的证据，只是表述为费用尚未收取、费用尚未确定。

（二）法理分析

1. 案件焦点

是否可以"尚未收取"作为无违法所得的依据？运费尚未谈妥或未支付是否等同于无违法所得？在缺乏运输合同等直接证据的情况下，违法所得是否可以参照水路运输市场普遍价格进行认定？抑或需等待双方实际支付后再处理？

2. 要点分析

（1）"违法所得"不仅指当事人从事违法行为的已得收入，还包括可得收入

"可得收入"是指违法当事人从事违法行为后，可以取得而尚未取得的收入。我国在刑事政策上已经明确了这一点。根据2021年新修订的《中华人民共和国行政处罚法》第二十八条第二款规定，"违法所得是指实施违法行为所取得的款项"，只要违法行为产生了获取经济利益的事实结果，即构成违法所得。该条并未将"实际收取"作为违法所得的必要条件，而

是基于违法行为的结果进行认定。违法所得是违法行为直接产生的经济利益，可得收入直接反映了违法行为的经济价值，是当事人潜在违法收益的重要依据。只要违法行为实施后具备收入可能性，即可视为违法所得。违法行为的完成意味着违法经营活动已达成，经济利益即收入可能性已实际存在，无须以实际支付作为确认违法所得的前提。

（2）对是否具备收入可能性的情形作分类处理

在非法水路运输案件中，可结合运输任务是否完成、合同约定是否明确、是否存在无法取得的情形作分类处理：①将已经完成的运输任务作为计收可得收入的前提条件。对已经完成的运输任务，托运人基于运输服务的接受形成支付义务。对未完成的运输任务，除已实际取得的收入外，即使有合同依据亦不宜据此计收可得收入作为违法所得。②对于已经完成的运输任务，即使没有运输合同，也应当认定具有可得的经济利益，行政机关应当予以查处。③对于已经完成的运输任务，存在可得收入无法取得情形的，不应将未收款认定为违法所得。如托运人丧失支付能力或其他无法追偿的情形。

（3）可基于市场价格、行业标准或当事人协议等，计算未实际收取的金额

在实际执法中，可通过调取合同、运输记录、现场调查等方式核实业务完成情况，参考同线路的市场运价，认定运输行为已经完成并产生应收运费，按市场价格计算应收运费作为违法所得。计算依据包括公开的市场价格、行业收费标准、当事人本次协议约定或同类业务的收费记录等。

3. 结论性意见

不应当将运费未谈妥、尚未支付等情形直接等同于无违法所得。对于已经实际完成的运输行为，一般应以合同约定或者相应参考价格确定应收金额并作为违法所得。对于经调查确实存在不可能取得的情形，可以不作为违法所得，但应当在执法文书中充分说理。

（三）典型意义

一方面可提出部门规章立法建议，明确违法所得的计算方式，推进交通运输领域出台违法所得的认定办法，例如可借鉴《工商行政管理机关行政处罚案件违法所得认定办法》。另一方面在执法中避免将"实际收取"作为违法所得的认定前提。否则，当事人可能故意通过不收取费用或拖延收取费用的方式规避没收违法所得，这不仅破坏法律的严肃性和行政执法的权威性，还极大削弱执法的惩戒效果。

同时，本案例对跨领域行政执法具有多重示范价值：其一，确立"违法收益预期性"认定原则，为市场监管领域查处无证经营但未收费行为提供裁量基准；其二，示范"违法成本穿透计算"方法，在环境执法中可参照认定非法排污行为的环境治理成本作为违法所得；其三，构建"动态认定体系"，该模型可应用于知识产权领域处理侵权商品已销售未回款情形；其四，明确"市场替代计算"规则，为税务部门核定偷逃税款金额提供方法论支持；其五，验证"风险预防"执法理念，该经验可延伸至安全生产领域对隐患整改前经营收益的追缴。其特别启示在于：行政执法不应被违法者的财务操作所"绑架"，而应通过法律解释技术实现实质正义。

（四）相关依据

《中华人民共和国行政处罚法》部分条款内容：

第二十八条　行政机关实施行政处罚时，应当责令当事人改正或者限期改正违法行为。

当事人有违法所得，除依法应当退赔的外，应当予以没收。违法所得是指实施违法行为所取得的款项。法律、行政法规、部门规章对违法所得的计算另有规定的，从其规定。

《国内水路运输管理条例》部分条款内容：

第三十三条　未经许可擅自经营或者超越许可范围经营水路运输业务或者国内船舶管理业务的，由负责水路运输管理的部门责令停止经营，没收违法所得，并处违法所得1倍以上5倍以下的罚款；没有违法所得或者违法所得不足 3 万元的，处 3 万元以上 15 万元以下的罚款。

《浙江省水上交通安全管理条例》部分条款内容：

第四十九条 违反本条例第十七条规定，小型客船运输经营者未经许可擅自经营水路旅客运输业务的，由小型客船运输主管部门责令停止经营，没收违法所得，并处三千元以上三万元以下罚款。

违反本条例第十七条规定，小型客船运输经营者使用未取得《内河船舶综合证书》的船舶从事水路旅客运输，或者未按规定报备案的，由小型客船运输主管部门责令限期改正；逾期不改正的，处一千元以上一万元以下罚款。

小型客船运输经营者取得水路运输经营许可后，因经营情况变化不再符合本条例规定条件的，由小型客船运输主管部门责令限期改正；在规定期限内，经整改仍不符合本条例规定条件的，由原发证机关吊销经营许可证。

7　扣押期限规范问题

（一）相关案例

2024 年 7 月 20 日，交通运输局执法人员在巡查时发现，某采砂船舶在依法划定并公告的航道设施安全保护范围内取土、爆破。执法人员依规扣押该采砂船。

（二）法理分析

1. 案件焦点

扣押决定书上的扣押起止日期如何规范计算？

2. 要点分析

计算扣押期限起止日期并没有直接法律依据。《中华人民共和国行政强制法》规定扣押期限不得超过 30 日，但未明确起算方式。《交通运输行政执法程序规定》虽对"期间"的计算有指导，但其是否完全适用于扣押期限尚存争议。

（1）扣押期限的起始日期应为扣押决定作出当日

在《中华人民共和国行政强制法》未涉及具体起算规则的情况下，"当日起算"规则反映了扣押决定于作出当天生效并对当事人产生实际影响，其与扣押行为效力保持一致。

（2）扣押期限仍遵循期间计算方式的规定

《交通运输行政执法程序规定》第十七条规定"期间开始当日或者当时不计算在内"。在扣押期限计算中，该规定并非扣押决定发生效力时间节点的规定，而是作为扣押期限计算方式的规定。扣押期限应当以"日"为计算口径，开始当日并不满足 1 日，至扣押次日才算扣押满 1 日。以此类推，计算扣押 30 日的期限。

（3）扣押期限的届满时间不应适用节假日顺延规则

《交通运输行政执法程序规定》第十七条规定："期间届满的最后一日为节假日的，以节假日后的第一日为期间届满的日期。"但该规则主要为保护当事人权利设计，若直接适用于扣押期限计算，可能导致实际扣押时间超过 30 日。为避免违反《中华人民共和国行政强制法》对扣押期限的限定，扣押应严格在 30 日内解除，即使最后一天为节假日也不得顺延。节假日顺延类似规定也存在于《中华人民共和国民事诉讼法》等法律中，其本质是为了保障当事人在法定期间内行使权利，避免节假日影响当事人有效行使权利的机会。以扣押 30 日为例，从 2024 年 6 月 20 日实施扣押后次日起算，扣押届满最后一日应为 2024 年 7 月 20 日。若 2024 年 7 月 20 日为节假日或周末，扣押期限届满时间仍为 2024 年 7 月 20 日，不得顺延。

3. 结论性意见

扣押期限起算时间为扣押决定作出当日，扣押期限不因届满日为节假日而顺延。扣押决定书中扣押期限的正确填写方式应为（以扣押 30 日示例）：扣押期限为 30 日，自 2024 年 7 月 20 日起至 2024 年 8 月 19 日止。

同时，本案的处理方式对其他行政执法领域也具有重要的指导意义。例如在城市管理、环境保护等领域的执法中，同样会面临扣押期限计算的问题。本案明确了扣押期限的起算和届满规则，为其他执法部门提供了清晰的执法思路和操作范例。其他执法部门可以参考本案的程序规范，确保在扣押过程中严格遵守法定期限，避免因期限计算错误而导致法律风险，保障执法工作的顺利开展和相对人的合法权益。

（三）典型意义

在行政执法中，应根据不同法律的目的与适用范围合理选择期限计算规则，确保合法合规操作。对行政扣押而言，应当确保不增加相对人负担。除正确填写扣押期限外，还应在扣押期限届满前做好解除扣押的相应安排，避免扣押超期。如果实践中仍存在较大分歧，建议立法机关通过解释或修订予以明确统一。

（四）相关依据

《中华人民共和国行政强制法》部分条款内容：

第二十五条　查封、扣押的期限不得超过三十日；情况复杂的，经行政机关负责人批准，可以延长，但是延长期限不得超过三十日。法律、行政法规另有规定的除外。

延长查封、扣押的决定应当及时书面告知当事人，并说明理由。

对物品需要进行检测、检验、检疫或者技术鉴定的，查封、扣押的期间不包括检测、检验、检疫或者技术鉴定的期间。检测、检验、检疫或者技术鉴定的期间应当明确，并书面告知当事人。检测、检验、检疫或者技术鉴定的费用由行政机关承担。

第六十九条　本法中十日以内期限的规定是指工作日，不含法定节假日。

《中华人民共和国行政处罚法》部分条款内容：

第六十一条　行政处罚决定书应当在宣告后当场交付当事人；当事人不在场的，行政机关应当在七日内依照《中华人民共和国民事诉讼法》的有关规定，将行政处罚决定书送达当事人。

当事人同意并签订确认书的，行政机关可以采用传真、电子邮件等方式，将行政处罚决定书等送达当事人。

《中华人民共和国民事诉讼法》部分条款内容：

第八十五条　期间包括法定期间和人民法院指定的期间。

期间以时、日、月、年计算。期间开始的时和日，不计算在期间内。

期间届满的最后一日是法定休假日的，以法定休假日后的第一日为期间届满的日期。

期间不包括在途时间，诉讼文书在期满前交邮的，不算过期。

《交通运输行政执法程序规定》部分条款内容：

第十七条　期间以时、日、月、年计算，期间开始当日或者当时不计算在内。期间届满的最后一日为节假日的，以节假日后的第一日为期间届满的日期。

8 远程执法程序规范问题

（一）相关案例

交通运输局执法人员在巡查时发现某船只可能存在在航道和航道保护范围内倾倒垃圾的行为。一名执法人员进行船上走访调查，另一名执法人员全程连线，通过远程在线方式共同对驾驶员开展制作询问笔录等执法工作。

（二）法理分析

1. 案件焦点

一名执法人员在现场，另一名执法人员远程在线参与，是否符合《中华人民共和国行政处罚法》第四十二条"执法人员不得少于两人"的要求？应如何规范远程在线执法？

2. 要点分析

（1）该在线执法方式符合《中华人民共和国行政处罚法》第四十二条"执法人员不得少于两人"的立法目的

其主要目的包括保证执法过程中的人身安全，防止突发事件；通过相互监督，防范执法人员滥用权力；确保当事人权利得到尊重，提升执法透明度和合法性。水上执法管理一直存在监管范围广、执法力量不足的问题。随着行政执法信息化建设的推进，例如执法移动端、执勤执法记录仪、监控技术设备以及集成指挥平台的推广与应用，基层执法人员探索出通过对讲机、远程视频连线等技术手段，落实两人执法的要求。行政执法人员在执法现场查获行政相对人的违法行为后，通过远程连线形式，在其他执法人员远程在线参与下，对行政相对人开展制作询问笔录、处罚前告知、听取陈述和申辩意见等执法活动。在简易程序中，执法人员还可以当场作出行政处罚决定。可以说，在线执法方式同样起到了两人相互制约、相互监督的作用，符合两人执法的要求。

（2）在线执法方式要规范化

执法重要环节的"程序同步保障"，保障对当事人的充分告知，以及内部审批程序合法合规。在陈述、申辩、签字等关键环节，应有两名执法人员共同参与；需保障当事人知晓执法人员的身份，并明确远程参与人员的角色和职责。同时，利用执法记录仪、监控设备、指挥平台等，全程记录执法过程，重要环节的画面和声音须清晰记录，并保证数据可追溯。

3. 结论性意见

本案中，一名执法人员现场执法，另一名执法人员远程在线执法，在执法重要环节保证了两人共同参与，符合《中华人民共和国行政处罚法》的要求。

（三）典型意义

可以从制度保障、技术支持、公众认知、培训考核等方面完善在线执法方式，完善非现场执法的程序规范，明确"远程监督"模式的法律适用范围和要求；推进执法信息化建设，开发高效、便捷的执法管理系统；加强对非现场执法模式的宣传，减少公众疑虑，避免因信息不对称引发矛盾；提升执法人员的技术能力，确保其熟练掌握在线执法的操作要点。

同时，远程执法模式对跨领域行政执法具有三重辐射价值：在空间维度上，突破市场监管中流动摊贩取证难、生态环境隐蔽性污染查处难等传统困境；在效能维度上，城市管理领域通过5G执法记录仪实现占道经营非接触式执法，提升文书送达效率，提高执法效率；在监督维度上，税务稽查远程约谈系统配备三重加密和区块链存证，减少执法异议与投诉。

（四）相关依据

《中华人民共和国行政处罚法》部分条款内容：

第六条　实施行政处罚，纠正违法行为，应当坚持处罚与教育相结合，教育公民、法人或者其他组织自觉守法。

第四十一条　行政机关依照法律、行政法规规定利用电子技术监控设备收集、固定违法事实的，应当经过法制和技术审核，确保电子技术监控设备符合标准、设置合理、标志明显，设置地点应当向社会公布。

电子技术监控设备记录违法事实应当真实、清晰、完整、准确。行政机关应当审核记录内容是否符合要求；未经审核或者经审核不符合要求的，不得作为行政处罚的证据。

行政机关应当及时告知当事人违法事实，并采取信息化手段或者其他措施，为当事人查询、陈述和申辩提供便利。不得限制或者变相限制当事人享有的陈述权、申辩权。

第四十二条　行政处罚应当由具有行政执法资格的执法人员实施。执法人员不得少于两人，法律另有规定的除外。

执法人员应当文明执法，尊重和保护当事人合法权益。

9 责令改正的规范处理问题

（一）相关案例

交通运输局行政执法人员通过视频监控平台发现某船舶经过杭平申线平湖市黄姑塘口时在航道内排放废水。经调查，船长戴某将船舱内的废水抽取排放至航道内。鉴于该违法行为未造成航道淤积、护岸等航道设施损坏、船舶搁浅等危害后果，且只排放 1 次，后交通运输局对戴某作出 300元的行政处罚决定。

（二）法理分析

1. 案件焦点

本案是否需要责令当事人改正？如何确定当事人是否具备整改条件以及整改方式？《责令改正通知书》是否可诉？

2. 要点分析

（1）在本案中不应责令行政相对人改正，而应对行政相对人进行普法教育并予以记录

虽然《中华人民共和国行政处罚法》第二十八条明确要求行政机关在作出行政处罚时应责令改正违法行为，但本案已不具备改正条件。依据《浙江省交通运输行政执法检查工作指引（试行）》第二十三条第三款第二项"对已改正或者不具备改正条件的违法行为，不得出具《责令改正通知书》，但应当收集已改正的证据、对当事人进行普法宣传教育并在相关文书中予以记录"之规定，本案应当收集已改正的证据、对行政相对人进

行普法宣传教育并在相关文书中予以记录，形成监管闭环。

（2）如果当事人拒不改正，可依法予以新的行政处罚或代履行

当事人已经被处以行政处罚但仍持续违法行为的，在符合违法行为构成要件的前提下可对当事人予以新的行政处罚。如果当事人不再继续实施违法行为但拒不改正之前的违法行为，在符合代履行条件的前提下，可由行政机关或者指定第三人代替当事人履行改正义务，并向当事人收取代履行费用。

（3）责令改正的内容应当复查，对于无法改正到位或不具备改正条件的，应当明确标准并记录原因

若有明确技术规范或整改要求的，在责令改正时应当明确改正要求，复核时再认定是否改正到位。达不到标准和规范要求的，属于拒不改正或逾期未改正情形。无法改正到位或不具备改正条件的，在行政处罚决定书中应当记录原因，可考虑作为违法行为情节因素。需要注意的是，针对"拒绝改正或逾期不改正"的情形，执法机关应当单独制发《责令改正通知书》，在进行复核时，才能视情节作出处罚决定。

（4）《责令改正通知书》是否具有可诉性，应当具体分析

责令改正适用情形具体可分为：其一，在单独适用或作为行政处罚前置条件的情形下，对其可诉性一般可适用吸收性审查原则。在《责令改正通知书》仅认定违法情形并要求自行改正，或者同时告知逾期不自行改正将作出行政处罚的情况下，若该通知书没有改变当事人的权利义务状态，那该通知书产生的法律效力一般为后面的行政行为所吸收。作为过程性法律文书，其单独起诉的时机并不成熟。当事人认为不构成违法行为而未按通知予以改正的情况下，执法机关据此作出行政处罚的，当事人可以针对行政处罚决定提起行政诉讼。其二，在责令改正与行政处罚一并作出的情形下，当事人可对行政处罚决定提起诉讼。单行法律法规中明确责令改正并予以行政处罚的，与《中华人民共和国行政处罚法》第二十八条要求行政机关在作出行政处罚时一并责令改正违法行为的精神一致。对当事人权利义务产生实质影响的是行政处罚决定，当事人对行政处罚决定提起行政

诉讼即可维护自身合法权益。其三，在责令改正实质属于行政处罚的情形下，具有可诉性。此时责令改正与一般的行政处罚无异，对行政相对人的权利义务产生一定影响，属于行政诉讼受案范围。如果行政行为的名称是"责令改正通知"，但其中告知逾期不改正将强制拆除等明确法律后果的内容，则该通知书已经具有改变当事人权利义务状态的性质（类似责令限期拆除决定书），则该行为可诉。

3. 结论性意见

本案因不具备改正条件，所以应当收集已改正的证据，对行政相对人进行普法宣传教育并在相关文书中予以记录。《责令改正通知书》是否具有可诉性，应当具体分析。

（三）典型意义

统一执法标准，明确执法人员责令改正的职责，避免因执法人员知识水平、主观判断差异导致执法结果不一致。对违法行为的改正结果应开展闭环管理，确保达到法律或技术标准要求。无法改正到位的，应记录技术限制或其他原因，并考虑纳入行政处罚裁量基准因素。

同时，责令改正制度在市场监管、生态环境、应急管理等领域具有普适价值。比如市场监管领域，处理虚假宣传行为时除罚款外必须责令停止发布广告，形成"处罚＋矫正"双重震慑；生态环境领域，对超标排放行为需在处罚同时责令限期治理，通过"整改＋验收"实现闭环监管；应急管理领域，对重大事故隐患必须责令立即排除，采取"现场查封＋远程监控复查"模式，责令整改等。上述实践表明，责令改正的规范化适用能有效破解"以罚代管"痼疾，实现法律效果与社会效果统一。

（四）相关依据

《中华人民共和国行政处罚法》部分条款内容：

第九条 行政处罚的种类：

（一）警告、通报批评；

（二）罚款、没收违法所得、没收非法财物；

（三）暂扣许可证件、降低资质等级、吊销许可证件；

（四）限制开展生产经营活动、责令停产停业、责令关闭、限制从业；

（五）行政拘留；

（六）法律、行政法规规定的其他行政处罚。

第二十八条 行政机关实施行政处罚时，应当责令当事人改正或者限期改正违法行为。

当事人有违法所得，除依法应当退赔的外，应当予以没收。违法所得是指实施违法行为所取得的款项。法律、行政法规、部门规章对违法所得的计算另有规定的，从其规定。

《中华人民共和国航道法》部分条款内容：

第四十二条 违反本法规定，有下列行为之一的，由负责航道管理的部门责令改正，对单位处五万元以下罚款，对个人处二千元以下罚款；造成损失的，依法承担赔偿责任：

（一）在航道内设置渔具或者水产养殖设施的；

（二）在航道和航道保护范围内倾倒砂石、泥土、垃圾以及其他废弃物的；

（三）在通航建筑物及其引航道和船舶调度区内从事货物装卸、水上加油、船舶维修、捕鱼等，影响通航建筑物正常运行的；

（四）危害航道设施安全的；

（五）其他危害航道通航安全的行为。

《浙江省航道管理条例》部分条款内容：

第二十四条 禁止下列侵占、损害航道的行为：

（一）在航道内种植植物、设置水生物养殖设施或者张网捕捞的；

（二）向航道内倾倒垃圾、砂石、泥土（浆）以及其他废弃物的；

（三）在通航建筑物及其引航道或者船舶调度区内从事货物装卸、水上加油、船舶维修等影响通航建筑物正常运行的；

（四）在依法划定并公告的航道设施安全保护范围内采挖砂石、取土、爆破的；

（五）违反禁行或者限行规定行驶船舶的；

（六）其他侵占、损害航道的行为。

第四十一条 违反本条例第二十四条第一项、第二项规定，在航道内种植植物、设置水生物养殖设施、张网捕捞或者向航道内倾倒垃圾、砂石、泥土（浆）等废弃物的，由航道主管部门责令限期清除，对单位处五万元以下罚款，对个人处二千元以下罚款；逾期不清除的，由航道主管部门或者其依法委托的第三人代为清除，所需费用由责任者承担；造成损失的，依法承担赔偿责任。

违反本条例第二十四条第四项规定，在依法划定并公告的航道设施安全保护范围内非法采挖砂石、取土、爆破的，由航道主管部门责令停止违法行为，没收违法所得，可以扣押或者没收采砂船舶，并处五万元以上三十万元以下罚款；造成损失的，依法承担赔偿责任。

《浙江省交通运输行政执法检查工作指引（试行）》部分条款内容：

第二十三条 交通运输行政执法机构及其执法人员应当根据检查情况和发现的问题分类闭环处理：

（一）未发现事故隐患和违法行为的，应当立即归还有关证件、资料，并结束检查。

（二）发现事故隐患的，应当责令立即排除；无法立即排除的，应当责令限期整改；严格执行重大事故隐患治理督办制度，必要时报告同级人民政府；重大事故隐患排除前或者排除过程中无法保证安全的，应当责令从危险区域内撤出作业人员，责令暂时停产停业或者停止使用相关设施、设备。

（三）发现违法行为，按照不同情形分别处理：

1.对违法行为当场予以纠正或者要求限期改正。依法应先行责令（限期）改正的，应当制发《责令改正通知书》；执法过程中采取责令改正措施的，应当制发《责令改正通知书》或者在相关文书笔录中予以记录。

2.对已改正或者不具备改正条件的违法行为，不得出具《责令改正通知书》，但应当收集已改正的证据、对当事人进行普法宣传教育并在相关文书中予以记录。

…………

5.违法行为应受行政处罚、行政强制的，按照《交通运输行政执法程序规定》等规定进行处理；不得在《行政处罚决定书》制发后出具《责令改正通知书》。

10 首违免罚周期界定问题

（一）相关案例

2023 年 3 月 8 日 8:37，内河港航执法大队通过非现场执法查获某货船涉嫌擅自闯入禁航区的违法线索，并于当日录入综合监管系统。此为该船 2023 年第一次发生该项违法行为。2024 年 2 月 23 日，当事人前来窗口处理违章，处理时将处罚办理日为立案时间，当事人当场签署交通运输轻微违法行为告知承诺。2024 年 3 月 4 日 10:13，执法人员再次查获该船舶在本辖区发生同一违法行为，遂将违法线索录入系统。此次为 2024 年第一次发生该项违法行为。2024 年某日，当事人前来问询 2024 年 3 月 4 日的违法行为是否适用首违免罚。两次均未发生事故。

（二）法理分析

1. 案件焦点

首违免罚中的首违时间是违法行为发生时间还是处理违法行为的时间？首次违法是应当免除处罚还是可以免除处罚，对此交通运输主管部门是否有裁量权？

2. 要点分析

（1）首违认定时间宜以违法行为发生时间为准

就"被查处次数"而言，《浙江省交通运输行政处罚裁量基准（2023年版）》与浙江省交通运输的行政处罚系统认定的时间标准并不统一。我们认为，违法行为发生时间是违法事实认定的重要因素，在以自然年度计算违法行为被查处次数的政策背景下，违法行为发生时间与立案时间不在同一年度的，以违法行为发生时间所在年度裁量为宜，而被查处的次数以计入违法行为发生当年为宜，不宜计入次年。

（2）首违需视危害后果考虑是否免罚，但宜适用统一的裁量基准

《中华人民共和国行政处罚法》第三十三条中明确规定，违法行为轻微并及时改正，没有造成危害后果的，不予行政处罚。初次违法且危害后果轻微并及时改正的，可以不予行政处罚。两种情况区别的关键在于是否造成危害后果、是否初次违法。根据《浙江省交通运输行政处罚裁量基准（2023年版）》，判断该案由违法程度轻微、免予处罚的情节为：①违法行为调查过程中，不存在拒不接受执法部门调查处理、阻碍执法、煽动抗拒执法等妨碍执法公务的行为；②按执法部门要求整改；③未造成危害后果。违法程度较轻的情节为：非年内首次实施该违法行为，且未发生事故的。就非现场执法发现的船舶擅自闯入禁航区这一违法行为而言，及时改正是指对当次闯入禁航区违法行为的改正。因而，在未发生事故的情况下，年内首次实施该违法行为可适用《中华人民共和国行政处罚法》第三十三条规定的"初次违法且危害后果轻微并及时改正的，可以不予行政处罚"情形。"可以不予行政处罚"并不等同于"不予行政处罚"，对此交通运输主管部门享有裁量权，但结合《浙江省交通运输行政处罚裁量基准（2023年版）》，若属于年内首次实施该违法行为且未发生事故的，应当不予行政处罚。该裁量权属于已确定的行政处罚裁量基准范畴，在省交通运输厅对首违免罚事项及条件已有明确规定的情况下，应按照统一的裁量基准实施。

3. 结论性意见

首违免罚中的首违时间是指违法行为发生时间，交通运输主管部门对首次违法是否可以免除处罚具有裁量权，但浙江省已有统一的裁量基准，在符合裁量基准规定的应当免予处罚的情形下，应当免予处罚。

（三）典型意义

首违免罚制度的实施起到了柔性执法的良好效果，但本案也凸显了该制度实施过程中可能出现当事人利用政策空子连续违法却免予处罚的情况，如此一来，就背离了教育警示当事人的初衷。为此，应在裁量基准行政规范性文件中明确首违的具体认定规则，同时在行政处罚系统中对"违法行为发生时间"与"立案时间"的关联性进行优化，以便执法人员在处理类似案件时有据可依，减少争议。

同时，本案揭示的"违法时间认定""裁量基准统一"等问题具有普遍行政法意义。在市场监管领域，某企业年度内首次轻微违规的认定，同样应以行为发生时点为准；生态环境执法中，对初次环境违法的免罚周期，亦需明确自然年度计算规则。各执法部门应当建立三项机制：一是标准化违法次数计算规则，防止当事人利用时间差规避处罚；二是构建智能化的违法时间标记系统，实现"行为发生时间"自动归集；三是完善"首违清单"动态管理，将教育警示程序嵌入执法流程。通过统一认定标准、优化系统逻辑、强化过程教育，既能维护执法权威，又能实现法律效果与社会效果的统一。特别在税务、应急管理等领域，需注意违法行为持续性特征，合理界定"首次"的计算起点，避免简单套用自然年度导致执法偏差。

（四）相关依据

《中华人民共和国内河交通安全管理条例》部分条款内容：

第六十八条　违反本条例的规定，船舶在内河航行时，有下列情形之一的，由海事管理机构责令改正，处5000元以上5万元以下的罚款；情节严重的，禁止船舶进出港口或者责令停航，并可以对责任船员给予暂扣适任证书或者其他适任证件3个月至6个月的处罚：

（一）未按照规定悬挂国旗，标明船名、船籍港、载重线的；

（二）未按照规定向海事管理机构报告船舶的航次计划、适航状态、船员配备和载货载客等情况的；

（三）未按照规定申请引航的；

（四）擅自进出内河港口，强行通过交通管制区、通航密集区、航行条件受限制区域或者禁航区的；

（五）载运或者拖带超重、超长、超高、超宽、半潜的物体，未申请或者未按照核定的航路、时间航行的。

《中华人民共和国行政处罚法》部分条款内容：

第三十三条第一款　违法行为轻微并及时改正，没有造成危害后果的，不予行政处罚。初次违法且危害后果轻微并及时改正的，可以不予行政处罚。

《浙江省交通运输行政处罚裁量基准（2023年版）》政策解读：

二是明确违法情形中"被查处次数"的计算方法。即按照一个自然年度（即1月1日至12月31日）为期限由执法平台进行计算；国家、省对计算期限另有规定的，从其规定。次数以处罚决定作出为准（如被撤案的，次数作废）。处罚决定在次年作出的，按照立案所在年度裁量"被查的次数"；有证据证明"违法行为发生时间"与立案时间不在同一年度的，以"违法行为发生时间"所在年度裁量；处罚决定作出后形成的"被查处的次数"不计入次年。

第三编

交通工程领域

1　劳务分包安全生产责任界定问题

（一）相关案例

交通运输行政执法人员在检查时发现某段公路工程施工现场违规使用履带起重机吊人，山东某公司（施工劳务提供方）现场负责人孙某在发现该违规行为后未采取措施消除事故安全隐患。经查，本案中某国企与山东某公司签订的合同为劳务分包工程合同，山东某公司具有劳务分包企业资质，合同约定现场施工由该公司负责，并按照某国企的质量标准、期限施工并交付成果。某国企并不直接参与施工现场管理。

（二）法理分析

1. 案件焦点

施工过程中的安全生产责任是否能够由施工劳务提供方承担？劳务派遣和劳务分包两种模式下的安全生产责任如何划分？劳务派遣单位作为实际施工人是否应当承担相应的安全生产责任？

2. 要点分析

（1）劳务派遣主要依据《中华人民共和国劳动合同法》等法律法规规定，适用于临时性、辅助性或者替代性的工作岗位。施工单位组织、指挥、监督被派遣劳动者从事生产经营活动，并承担安全生产责任

劳务派遣是指劳务派遣单位与被派遣劳动者建立劳动关系，并将劳动者派遣到用工单位，被派遣劳动者在用工单位的指挥、监督下从事劳动的用工形式。根据《中华人民共和国劳动合同法》《浙江省交通建设工程质

量和安全生产管理条例》等法律法规，劳务派遣单位应当与施工单位（用工单位）订立劳务派遣协议，约定派遣岗位和人员数量、派遣期限、劳动报酬和社会保险费的数额与支付方式以及违约责任等内容。从劳务派遣的用工形式来说，劳务派遣单位并不直接参与施工单位（用工单位）的生产经营活动，仅根据协议约定向用工单位派出一定数量的劳动者。被派遣劳动者在施工单位（用工单位）的组织、指挥、监督下从事生产经营活动，由施工单位（用工单位）承担安全生产责任。

（2）劳务分包主要依据建设工程分包法律法规相关规定，分包人应当依法承担其分包范围内的安全生产责任

劳务分包是指建设工程的总承包人或者专业承包人将其工程中的劳务作业（包括木工、砌筑、抹灰、石制作、油漆、钢筋、混凝土、脚手架、模板、焊接、水暖、钣金、架线等）分包给具有相应劳务资质的劳务作业承包人完成的行为。根据《公路工程施工分包管理办法》（交公路规〔2024〕2号）第二十四条规定，劳务分包也叫劳务合作。实践中，可以结合下列情形综合认定是否属于劳务合作：①劳务作业承包人具有劳务分包企业资质。②分包内容是劳务作业而不是工程本身。③劳务作业承包人一般仅提供劳务作业，施工技术、工程主要材料、大型机械、设备等均由总承包人或者专业承包人负责。《公路工程施工分包管理办法》已明确规定，允许劳务单位携带机械设备，且不限制规模。④劳务费用一般是通过工日的单价和工日的总数量进行费用结算，不发生主要材料等费用的结算，不收取管理费。从本案中施工单位与劳务提供方签署的合作协议来看，这属于合法的劳务分包形式。劳务分包单位在组织生产经营活动时应当根据《中华人民共和国安全生产法》及公路水运工程安全生产监督管理相关规定依法承担相应责任。

（3）不能简单将劳务分包单位作为《中华人民共和国安全生产法》的生产经营单位，而应当强化施工单位的安全生产主体责任

需要说明的是，根据《公路工程施工分包管理办法》第二十四条规定，除施工分包以外，承包人（分包人）与他人合作完成的其他以劳务活

动为主，由劳务企业提供劳务作业人员及所需机具（不限制规模），由承包人（分包人）负责施工方案编制和组织实施并统一控制工程质量、施工进度、主要材料采购、生产安全等的施工活动统称为劳务合作。在劳务分包情况下，承包人（分包人）仍负责施工方案编制和组织实施并统一控制生产安全。《公路工程施工分包管理办法》第十三条、第十四条和《公路水运工程安全生产监督管理办法》第十四条、第三十九条等规定均夯实了承包人、分包人在方案编制、安全监管、资金投入、人员培训上的安全生产责任。因此，不能简单将劳务作业单位作为《中华人民共和国安全生产法》的生产经营单位，不区分劳务作业单位在施工过程中的地位和安全生产义务，直接给予行政处罚。

3. 结论性意见

在劳务派遣模式下，劳务派遣工作岗位的安全生产责任应由施工单位（用工单位）承担。在劳务分包模式下，劳务分包单位安全生产责任的承担并不能免除施工单位的安全生产责任，施工单位应当承担安全生产主体责任。

（三）典型意义

施工单位应当规范适用劳务派遣与劳务分包方式。交通运输执法人员在处理安全生产责任纠纷时，应结合案件实际情况及证据，分清总承包单位、分包单位及施工劳务提供方的具体责任，避免执法偏差。立法或者政策导向是压实施工单位主体责任，不能以对劳务分包单位处罚代替对总包或者专业分包的处罚，避免趋利性执法、选择性执法。

同时，本案揭示的"实际控制标准"对各类行政执法具有示范价值。在建筑工程领域，因总承包单位对分包队伍的安全培训缺失导致事故的，总承包单位应承担主要责任；矿山企业将爆破作业外包但未履行现场监管职责的，不能以劳务分包转移责任。行政执法需把握三项核心准则：一是行为控制标准，通过审查施工方案审批、机械调配、作业指令等证据判断实际控制方；二是能力匹配原则，若分包单位不具备独立安全管理体系

（如无专职安全员、未建立风险清单），应认定责任归属于发包方；三是动态监管义务，参考《中华人民共和国安全生产法》第四十九条规定，发包方对分包单位需定期开展安全检查。特别在危化品、特种设备等领域，执法机关应建立责任穿透机制，即使存在多层分包，仍应追溯至具备实质风险控制能力的责任主体。

（四）相关依据

《中华人民共和国劳动合同法》部分条款内容：

第五十八条 劳务派遣单位是本法所称用人单位，应当履行用人单位对劳动者的义务。劳务派遣单位与被派遣劳动者订立的劳动合同，除应当载明本法第十七条规定的事项外，还应当载明被派遣劳动者的用工单位以及派遣期限、工作岗位等情况。

劳务派遣单位应当与被派遣劳动者订立二年以上的固定期限劳动合同，按月支付劳动报酬；被派遣劳动者在无工作期间，劳务派遣单位应当按照所在地人民政府规定的最低工资标准，向其按月支付报酬。

第五十九条 劳务派遣单位派遣劳动者应当与接受以劳务派遣形式用工的单位（以下称用工单位）订立劳务派遣协议。劳务派遣协议应当约定派遣岗位和人员数量、派遣期限、劳动报酬和社会保险费的数额与支付方式以及违反协议的责任。

用工单位应当根据工作岗位的实际需要与劳务派遣单位确定派遣期限，不得将连续用工期限分割订立数个短期劳务派遣协议。

《中华人民共和国安全生产法》部分条款内容：

第二条 在中华人民共和国领域内从事生产经营活动的单位（以下统称生产经营单位）的安全生产，适用本法；有关法律、行政法规对消防安全和道路交通安全、铁路交通安全、水上交通安全、民用航空安全以及核与辐射安全、特种设备安全另有规定的，适用其规定。

第四十一条 生产经营单位应当建立安全风险分级管控制度，按照安全风险分级采取相应的管控措施。

生产经营单位应当建立健全并落实生产安全事故隐患排查治理制度，采取技术、管理措施，及时发现并消除事故隐患。事故隐患排查治理情况应当如实记录，并通过职工大会或者职工代表大会、信息公示栏等方式向从业人员通报。其中，重大事故隐患排查治理情况应当及时向负有安全生产监督管理职责的部门和职工大会或者职工代表大会报告。

县级以上地方各级人民政府负有安全生产监督管理职责的部门应当将重大事故隐患纳入相关信息系统，建立健全重大事故隐患治理督办制度，督促生产经营单位消除重大事故隐患。

第一百零二条　生产经营单位未采取措施消除事故隐患的，责令立即消除或者限期消除，处五万元以下的罚款；生产经营单位拒不执行的，责令停产停业整顿，对其直接负责的主管人员和其他直接责任人员处五万元以上十万元以下的罚款；构成犯罪的，依照刑法有关规定追究刑事责任。

《浙江省交通建设工程质量和安全生产管理条例》部分条款内容：

第十一条　施工单位就工程内容与其他单位实施劳务合作的，应当选择依法设立的劳务派遣单位。

施工单位不得以劳务合作、设施设备租赁等名义实施工程分包，不得通过将同一工程内容与同一单位或者同一投资人设立的不同单位签订劳务合作合同和设施设备租赁合同的方式实施工程分包。

建设单位、监理单位应当对施工单位的劳务合作合同、设施设备租赁合同内容及其执行情况实施检查。

第二十条　施工单位对工程施工质量和安全生产负责，履行下列工程质量和安全生产职责：

（一）建立安全生产风险管控制度，开展施工安全专项风险评估，按照规范编制并落实施工组织设计；对危险性较大的分部分项工程，按照规范编制并落实安全专项施工方案；

（二）在工程开工前和分部分项工程施工前进行安全生产条件自查，并将工程开工前和危险性较大的分部分项工程施工前的安全生产条件自查合格报告报监理单位；

（三）按照规范在施工现场设置安全防护设施，并根据需要采取其他必要的安全防护措施；

（四）加强施工现场检查，制止和纠正违章指挥、违章操作和违反劳动纪律行为，对发现的工程质量问题和生产安全事故隐患及时落实整改；

（五）按照规范开展施工试验检测，保证工程质量符合施工技术标准和设计要求；

（六）对桥梁、隧道、码头、船闸等结构物的隐蔽工程，在其关键工序施工和检验时，实施现场影像记录。

第三十三条第二项　从业单位违反本条例规定，有下列情形之一的，由交通运输行政主管部门责令限期改正，给予警告，可以并处二万元以上十万元以下罚款；情节严重的，处十万元以上三十万元以下罚款：

（二）施工单位违反本条例第十一条第一款规定与非依法设立的劳务派遣单位实施劳务合作的；

第三十五条第四项　从业单位有下列情形之一的，由交通运输行政主管部门责令改正，给予警告，可以并处二万元以上十五万元以下罚款；情节严重的，处十五万元以上五十万元以下罚款，并由原发证机关降低其资质等级或者吊销其资质证书：

（四）施工单位有违反本条例第二十条规定情形之一的。

2 "一案多罚"证据链构建问题

（一）相关案例

交通运输执法人员在检查中发现涉嫌转包或违法分包，并根据《建设工程质量管理条例》对施工单位进行处罚。在"一案多罚"的情况下，对直接负责的主管人员进行处罚时该如何应用单位处罚案件中已有的证据。

（二）法理分析

1. 案件焦点

在有相关依据的情况下，对单位直接负责的主管人员和其他责任人员是否都要处罚？在直接负责的主管人员的案件中可否直接将单位的行政处罚决定书作为主要证据，是否需要把单位处罚案件中的所有证据均作为证据？

2. 要点分析

（1）就建设工程质量管理问题对单位进行处罚时，单位直接负责的主管人员和其他责任人员都应当受到处罚

《建设工程质量管理条例》第七十三条规定："依照本条例规定，给予单位罚款处罚的，对单位直接负责的主管人员和其他直接责任人员处单位罚款数额 5% 以上 10% 以下的罚款。"因此，单位处罚与个人处罚需同时实施。

（2）除直接负责的主管人员外，其他人员经调查认定负有直接责任，才予以处罚

《建设工程质量管理条例》第七十三条规定了两类责任人：直接负责的主管人员和其他直接责任人员。直接负责的主管人员可以根据工作岗位直接确定，对其他人员需通过调查认定负有直接责任才能予以处罚。因此，未必同时处罚两类责任人，关键在于是否有证明其负有直接责任的充分证据。

（3）根据需要将单位处罚的主要证据和行政处罚决定书纳入个人处罚案件

单位的行政处罚决定书表明单位违法行为已经被查处，具有法定证据效力，可作为直接负责的主管人员处罚前提成立的证据。对直接负责的主管人员还需要收集身份证明、劳动合同、任职文件、询问笔录等与工作岗位、工作内容相关的证据，形成证据链。但在对其他直接责任人员的调查中，还需查明对应个人的相关违法行为。可以结合单位处罚的主要证据，查明单位处罚的具体内容与个人责任的关联性，这有利于合理裁量处罚比例。

3. 结论性意见

执法机关对单位处以罚款后，应依法对直接负责的主管人员和其他直接责任人员处以罚款。两类人员并非必须同时处罚。对其他直接责任人员的处罚需要有完整的证据链来证明其对违法行为负有直接责任，若能结合单位处罚的主要证据则更有说服力。

（三）典型意义

交通运输执法人员在执法中应全面调查取证，结合案件情节和责任分配，依法适用裁量权，确保处罚措施的公平性和严肃性；在办案过程中需确保证据要素完整，除单位违法行为的证据外，还需重点收集直接责任人员的相关证据，确保单位违法行为和直接责任人员行为之间的责任链条清晰可见，避免证据孤立。同时，执法人员在处罚决定书中应清楚说明直接责任人员被处罚的理由及与单位违法行为的关联性，践行"说理式"执法。

本案的处理方式对其他行政执法领域具有重要的指导意义。例如在城市管理、环境保护等领域的执法中，同样会面临对单位和个人同时处罚的情况。本案明确了在对单位处罚的基础上，如何合理收集和使用证据对直接责任人员进行处罚，为其他执法部门提供了清晰的执法思路和操作范例。其他执法部门可以参考本案的程序规范，确保在执法过程中全面调查取证，合理适用裁量权，避免因证据不足或证据孤立导致的执法风险，提升执法的公正性和有效性。

（四）相关依据

《建设工程质量管理条例》部分条款内容：

第七十三条　依照本条例规定，给予单位罚款处罚的，对单位直接负责的主管人员和其他直接责任人员处单位罚款数额 5% 以上 10% 以下的罚款。

3 专业分包单位监管问题

（一）相关案例

2023 年，某市交通运输局执法人员对某设计施工总承包（EPC）工程项目进行内业质保资料检查时，发现专业分包单位 A 公司不具备施工资质。在其提供的《软土地基处置工程现场质量检验报告单》中关键项目混凝土强度、桩长及一般项目桩距、桩径、单桩承载力等数据均与《自检现场检测记录表》《素砼桩施工记录》和《刚性桩分项工程质量检验评定表》中的数据不相符。此外，资料中本该由现场监理及监理工程师签署的意见和日期也都被预先代签。

（二）法理分析

1. 案件焦点

本案中 A 公司作为专业分包单位，是否属于适格的处罚对象？专业分包单位的施工行为与总承包单位的管理责任应如何区分？

2. 要点分析

施工单位是指经过建设行政主管部门的资质审查，从事土木工程建筑工程线路管道设备安装、装修工程等施工承包的单位。施工单位依法对建设工程质量负责。施工单位的资质等级是衡量其是否具备承担相应建设工程能力的主要标准。

（1）依照浙江省对专业分包单位适用施工资质的要求，专业分包单位 A 公司是适格的处罚对象

《浙江省公路水运工程施工分包管理办法（试行）》（浙交〔2022〕97 号）对专项工程类别作了具体规定，对专项工程的分包人仅承接同一合同段中同类专业工程范围内的一项专项工程的，不要求具有与该专业工程相适应的资质。但《浙江省公路水运工程施工分包和劳务合作管理实施细则》（浙交〔2024〕104 号）出台后，《浙江省公路水运工程施工分包管理办法（试行）》已废止，新文件要求专业分包单位须取得相应资质，否则属于违法分包。结合《公路工程施工分包管理办法》的规定，符合规定的专业分包单位在其分包工程范围内可以作为适格的被处罚主体。

（2）2023 年期间不具备施工资质的专业分包单位作为从业单位，仍应适用相关的监管规定

在 2023 年期间的浙江省交通建设工程管理实践中，专业分包单位不需要施工资质，故其并不属于施工单位范畴，而应将其认定为从业单位。根据《浙江省交通建设工程质量和安全生产管理条例》第五条、第十五条规定，从业单位应当加强交通建设工程资料的整理和保管，保证工程资料真实、准确和完整；禁止篡改、伪造工程资料。案涉伪造工程资料的行为，其处罚对象为从业单位，专业分包单位 A 公司属于适格的被处罚对象。

（3）在违法分包的情形下，总承包单位应当对违法分包的工程质量直接承担责任

本案中，总承包单位虽然对项目整体负管理责任，但其已将其中部分项目分包给 A 公司，并通过合同明确了职责分工，专业分包单位 A 公司应当对其自身伪造工程资料的行为承担法律责任。根据《建设工程质量管理条例》第二十七条规定，总承包单位依法将建设工程分包给其他单位的，分包单位应当按照分包合同的约定对其分包工程的质量向总承包单位负责，总承包单位与分包单位对分包工程的质量承担连带责任。需要说明的是，案涉专业分包单位因缺乏施工资质按规定涉嫌违法分包。若该伪造工程资料的行为造成了危害施工质量的后果，且总承包单位被认定为违法分包的情况下，其应当对违法分包的工程质量直接承担责任。

3. 结论性意见

本案中，专业分包单位 A 公司应当对其自身伪造工程资料的行为承担法律责任，属于适格的处罚对象。总承包单位与专业分包单位依法对分包工程的质量承担连带责任。

（三）典型意义

《浙江省公路水运工程施工分包管理办法（试行）》对专业分包单位作出不需要施工资质的特别规定。其后交通运输部修订《公路工程施工分包管理办法》时，删除了原第六条中省级交通运输主管部门负责制定本行政区域施工分包专项类别以及相应资格条件的规定。据此，浙江省交通运输厅文件作出相应修改。在执法过程中，应当注重执法依据的及时衔接，避免上位依据变化时发生脱节。

同时，本案的处理方式对其他行政执法领域也具有重要的指导意义。例如在住建、城市管理等领域的执法中，同样会面临对专业分包单位或从业单位的监管问题。本案明确了在对专业分包单位进行监管时，应严格遵守资质准入制度，确保专业分包单位具备相应的资质和能力。同时，对于专业分包单位的违法行为，应依法追究其法律责任，并要求总承包单位承担相应的管理责任。这为其他执法部门提供了清晰的执法思路和操作范例，有助于提升执法的规范性和有效性。

（四）相关依据

《浙江省交通建设工程质量和安全生产管理条例》部分条款内容：

第五条 县级以上人民政府交通运输行政主管部门应当通过推行数字档案、推进系统互联和数据共享、整合监控平台等方式，提升信息管理和服务水平，提高行政效能，优化服务质量。

鼓励工程建设、勘察、设计、施工、监理、试验检测等从业单位（以下统称从业单位），通过信息化技术应用，提高交通建设工程质量和安全生产的自我管理水平。

第三十四条 从业单位违反本条例第十五条第一款规定，篡改、伪造工程资料，或者违反本条例第二十八条第二款规定，拒绝、阻碍检查或者隐匿、谎报有关情况和资料的，由交通运输行政主管部门责令改正，给予警告，并处三万元以上十万元以下罚款；情节严重的，处十万元以上五十万元以下罚款，并由原发证机关降低其资质等级或者吊销其资质证书。

4 污染源责任追溯中违法主体认定问题

（一）相关案例

甲系某公路项目工程 A 标段的施工总承包单位，乙系依据工序、工种将劳务分包队伍合理划分的施工班组。针对项目施工现场未采取有效措施防治扬尘污染的行为，应将甲还是乙作为处罚对象？

（二）法理分析

1. 案件焦点

若本案适用《浙江省交通运输行政处罚裁量基准（2023 年版）》中违法行为代码 700171 的"交通建设工程从业单位未采取有效措施防治扬尘污染"案由，可否将施工班组乙认定为违法主体？

2. 要点分析

《中华人民共和国行政处罚法》第四条明确规定："公民、法人或者其他组织违反行政管理秩序的行为，应当给予行政处罚的，依照本法由法律、法规、规章规定，并由行政机关依照本法规定的程序实施。"施工总承包单位甲具有法人资格，是法律上的独立主体，可以作为行政处罚对象。施工班组乙通常为劳务分包队伍的具体施工组织形式，不具备独立的法律主体资格，无法承担行政责任。

施工班组实施的违法行为，应当由施工班组所在的施工单位承担责任。《建设工程质量管理条例》和《浙江省公路水运工程施工分包管理办法（试行）》规定，总承包单位对施工项目的安全、质量及环境保护负全面管理责任，即总承包单位是施工项目扬尘污染防治的第一责任人。总承包单位若没有履行相应的管理责任，则需承担相应的法律责任。

3. 结论性意见

施工班组不能认定为违法主体。本案中，应将施工班组乙所在的施工单位作为违法主体。若施工班组乙直接隶属于施工总承包单位甲，或者甲未依法履行监管职责，则应当将甲认定为违法主体予以行政处罚。

（三）典型意义

应当正确识别适格的违法主体、合理界定违法责任，行政处罚与违法行为的事实、性质、情节以及社会危害程度相当，才能发挥教育公民、法人或者其他组织自觉守法的作用。在其他行政执法领域，如环境保护、市场监管、安全生产等，也应当注重对违法主体的准确认定。例如，在环境保护领域，处理企业未采取有效措施防治污染时，应当区分企业内部的具体责任主体，如生产部门、环保部门等，明确责任归属，确保行政处罚的公正性和有效性。在市场监管领域，处理企业违反市场秩序的行为时，应当区分企业内部的具体责任主体，如销售部门、管理部门等，明确责任归属，确保行政处罚的合理性和合法性。在安全生产领域，处理企业未采取有效措施防止安全事故时，应当区分企业内部的具体责任主体，如生产部门、安全部门等，明确责任归属，确保行政处罚的科学性和规范性。通过准确认定违法主体，可以有效避免行政处罚的随意性和不公正性，提高行政执法的公信力和权威性。

（四）相关依据

《中华人民共和国行政处罚法》部分条款内容：

第四条 公民、法人或者其他组织违反行政管理秩序的行为，应当给予行政处罚的，依照本法由法律、法规、规章规定，并由行政机关依照本法规定的程序实施。

《建设工程质量管理条例》部分条款内容：

第二十六条 施工单位对建设工程的施工质量负责。

施工单位应当建立质量责任制，确定工程项目的项目经理、技术负责人和施工管理负责人。

建设工程实行总承包的，总承包单位应当对全部建设工程质量负责；建设工程勘察、设计、施工、设备采购的一项或者多项实行总承包的，总承包单位应当对其承包的建设工程或者采购的设备的质量负责。

第二十七条　总承包单位依法将建设工程分包给其他单位的，分包单位应当按照分包合同的约定对其分包工程的质量向总承包单位负责，总承包单位与分包单位对分包工程的质量承担连带责任。

《中华人民共和国大气污染防治法》部分条款内容：

第六十九条　建设单位应当将防治扬尘污染的费用列入工程造价，并在施工承包合同中明确施工单位扬尘污染防治责任。施工单位应当制定具体的施工扬尘污染防治实施方案。

从事房屋建筑、市政基础设施建设、河道整治以及建筑物拆除等施工单位，应当向负责监督管理扬尘污染防治的主管部门备案。

施工单位应当在施工工地设置硬质围挡，并采取覆盖、分段作业、择时施工、洒水抑尘、冲洗地面和车辆等有效防尘降尘措施。建筑土方、工程渣土、建筑垃圾应当及时清运；在场地内堆存的，应当采用密闭式防尘网遮盖。工程渣土、建筑垃圾应当进行资源化处理。

施工单位应当在施工工地公示扬尘污染防治措施、负责人、扬尘监督管理主管部门等信息。

暂时不能开工的建设用地，建设单位应当对裸露地面进行覆盖；超过三个月的，应当进行绿化、铺装或者遮盖。

第一百一十五条　违反本法规定，施工单位有下列行为之一的，由县级以上人民政府住房城乡建设等主管部门按照职责责令改正，处一万元以上十万元以下的罚款；拒不改正的，责令停工整治：

（一）施工工地未设置硬质围挡，或者未采取覆盖、分段作业、择时施工、洒水抑尘、冲洗地面和车辆等有效防尘降尘措施的；

（二）建筑土方、工程渣土、建筑垃圾未及时清运，或者未采用密闭式防尘网遮盖的。

　　违反本法规定，建设单位未对暂时不能开工的建设用地的裸露地面进行覆盖，或者未对超过三个月不能开工的建设用地的裸露地面进行绿化、铺装或者遮盖的，由县级以上人民政府住房城乡建设等主管部门依照前款规定予以处罚。

　　第一百二十三条第四项　违反本法规定，企业事业单位和其他生产经营者有下列行为之一，受到罚款处罚，被责令改正，拒不改正的，依法作出处罚决定的行政机关可以自责令改正之日的次日起，按照原处罚数额按日连续处罚：

　　（四）建筑施工或者贮存易产生扬尘的物料未采取有效措施防治扬尘污染的。

5 安全生产资金合规动态审查问题

（一）相关案例

某交通工程公司承建了一段省道改扩建工程。交通运输局在例行安全检查中发现施工现场存在以下问题：部分高风险作业未配备必要的安全防护设备；安全教育培训流于形式，多数施工人员未接受正规培训，未持证上岗；项目安全管理人员数量不足，且缺乏专业资质；安全检查的台账记录不全，缺乏隐患排查记录。施工现场的这些问题可否认定为因安全生产资金投入不到位而导致不具备安全生产条件？

（二）法理分析

1. 案件焦点

"安全生产条件"的具体内容是什么？如何判断企业因安全生产资金投入不到位而导致不具备安全生产条件？

2. 要点分析

（1）"安全生产条件"的具体内容

根据《中华人民共和国安全生产法》和《建设工程安全生产管理条例》等相关法规，交通建设工程领域中的"安全生产条件"具体包括五个方面。①制度保障：建立健全的安全生产责任制；配备专职安全管理人员并明确职责；制定安全操作规程和应急救援预案。②人员保障：确保施工人员经过安全教育培训，持证上岗；配备足够数量的专业技术人员和现场安全管理人员。③设施设备保障：配备符合安全标准的防护设备，如安全网、安全绳、防坠装置等；定期检查施工机械和设备的安全性，确保正常使用。④资金保障：安排足够的安全生产资金，用于设备采购、隐患排查整改、人员培训、事故应急处理等；建立安全生产费用专账，确保资金专款专用。⑤管理保障：定期开展安全隐患排查，记录整改情况；严格按照施工组织设计进行施工，确保工序规范；做好安全检查的台账记录，持续提高安全管理水平。

（2）判断企业是否因安全生产资金投入不到位而导致不具备安全生产条件的方式

一是审查资金投入的形式和流向，包括安全生产费用台账、项目支出与预算对比等。即企业是否设立专门的安全生产资金账户，资金使用记录是否完整；实际用于安全防护设备、安全教育培训等支出的金额是否与预算或行业标准相符。二是检查安全生产条件的实际表现，包括施工现场是否存在安全防护设备缺失、老化或损坏等问题；是否有工人未接受安全培训或存在无证上岗现象；是否存在未按规定配备安全管理人员的问题。三是检查隐患排查记录与整改落实情况，包括重点核查企业是否定期开展隐患排查；安全问题是否因资金不足未得到及时整改。四是检查安全事故或隐患的具体表现，包括企业在资金投入不足的情况下是否出现安全事故，或因缺乏安全保障导致隐患突出。

3. 结论性意见

本案中，部分高风险作业未配备必要安全防护设备、项目安全管理人员数量不足的问题可以反映出企业在设施、人员方面的投入存在明显不足，这与资金投入不到位直接相关。未开展有效的安全教育培训、安全检查的台账记录不全等问题可能是企业未投入足够资金导致，也可能与管理机制不健全相关，具体还需要结合资金投入的形式和流向来判定。

（三）典型意义

执法人员需熟悉安全生产相关的技术标准和法规要求，明确企业安全生产条件的具体内容。对于难以判断的案件，可委托行业安全专家或第三方机构对企业的安全生产条件进行综合评估，判断问题是否由资金投入不足直接导致。

（四）相关依据

《中华人民共和国安全生产法》部分条款内容：

第四条　生产经营单位必须遵守本法和其他有关安全生产的法律、法规，加强安全生产管理，建立健全全员安全生产责任制和安全生产规章制度，加大对安全生产资金、物资、技术、人员的投入保障力度，改善安全生产条件，加强安全生产标准化、信息化建设，构建安全风险分级管控和隐患排查治理双重预防机制，健全风险防范化解机制，提高安全生产水平，确保安全生产。

平台经济等新兴行业、领域的生产经营单位应当根据本行业、领域的特点，建立健全并落实全员安全生产责任制，加强从业人员安全生产教育和培训，履行本法和其他法律、法规规定的有关安全生产义务。

第二十一条　生产经营单位的主要负责人对本单位安全生产工作负有下列职责：

（一）建立健全并落实本单位全员安全生产责任制，加强安全生产标准化建设；

（二）组织制定并实施本单位安全生产规章制度和操作规程；

（三）组织制定并实施本单位安全生产教育和培训计划；

（四）保证本单位安全生产投入的有效实施；

（五）组织建立并落实安全风险分级管控和隐患排查治理双重预防工作机制，督促、检查本单位的安全生产工作，及时消除生产安全事故隐患；

（六）组织制定并实施本单位的生产安全事故应急救援预案；

（七）及时、如实报告生产安全事故。

第二十二条　生产经营单位的全员安全生产责任制应当明确各岗位的

责任人员、责任范围和考核标准等内容。

生产经营单位应当建立相应的机制，加强对全员安全生产责任制落实情况的监督考核，保证全员安全生产责任制的落实。

6 行刑交叉情形下追责期限界定问题

（一）相关案例

某公司串通投标行为完成时间为 2017 年 7 月 25 日，后审计局发现多家公司涉嫌串通投标，遂于 2019 年 4 月 18 日向公安机关移送侦查。公安局于同年 5 月 13 日立案侦查。2023 年 3 月 11 日，人民检察院作出不起诉的决定，没有作出将案件移送有关行政机关处理的决定。此时，交通运输部门接到关于某公司串通投标违法行为的举报。

（二）法理分析

1. 案件焦点

本案中，人民检察院作出不起诉的决定，但没有作出将案件移送行政机关处理的决定，是否可视为案件完全终结？交通运输部门若要核查关于该违法行为的举报并进行处罚，是否已超出追责期限？

2. 要点分析

（1）行政处罚法对追责期限的规定

《中华人民共和国行政处罚法》（2017 年修正）的第二十九条规定："违法行为在二年内未被发现的，不再给予行政处罚。法律另有规定的除外。前款规定的期限，从违法行为发生之日起计算；违法行为有连续或者继续状态的，从行为终了之日起计算。"《中华人民共和国行政处罚法》（2021 年修正）第三十六条对除涉及公民生命健康安全、金融安全且有危害后果的违法行为外，同样作了二年的规定。根据《全国人民代表大会常务委员会法制工作委员会关于提请明确对行政处罚追诉时效"二年未被发现"认定问题的函的研究意见》对于"发现"的理解，公安、检察、法院、纪检监察部门和司法行政机关都是行使社会公权力的机关，对违法违纪行为的发现都应该具有《中华人民共和国行政处罚法》（2021年修正）规定的法律效力。

（2）本案中的关键时间节点

公安局于2019年5月13日立案侦查，违法行为"被发现"。2023年3月11日，人民检察院作出不起诉的决定。人民检察院未移送行政机关处理的行为不影响行政机关的独立追责权限。案件行为发生于2017年7月25日，"发现时间"为2019年5月13日，按当时法律规定尚在两年的追责期限内。交通运输部门于2023年收到举报对2019年已经发现的违法行为立案调查，符合行政处罚法规定。

3. 结论性意见

人民检察院作出不起诉的决定，没有作出将案件移送有关行政机关处理的决定，此情形仅能视为刑事案件的终结，不能视为其他领域对同一违法行为处罚的终结。此时交通运输部门若核查关于该违法行为的举报并进行处罚，在时间上未超出两年追责期限。

（三）典型意义

实践中，民事判决所涉及的违法行为往往具有隐蔽性，因此该行为是否可被视为"发现"也有争议。刑事案件中行刑双向衔接的机制更为完善，《关于推进行刑双向衔接和行政违法行为监督　构建检察监督与行政执法衔接制度的意见》（高检发办字〔2023〕102号）等文件的出台，检察机关愈加重视行刑反向衔接案件中具有"可处罚性"案件的反向移送。交通运输部门可与检察机关、公安机关加强信息共享，确保刑事案件不起诉后，涉及行政违法的案件信息能及时传递、移送至相关执法部门。

（四）相关依据

《中华人民共和国刑事诉讼法》部分条款内容：

第一百七十七条　犯罪嫌疑人没有犯罪事实，或者有本法第十六条规定的情形之一的，人民检察院应当作出不起诉决定。

对于犯罪情节轻微，依照刑法规定不需要判处刑罚或者免除刑罚的，人民检察院可以作出不起诉决定。

人民检察院决定不起诉的案件，应当同时对侦查中查封、扣押、冻结的财物解除查封、扣押、冻结。对被不起诉人需要给予行政处罚、处分或者需要没收其违法所得的，人民检察院应当提出检察意见，移送有关主管机关处理。有关主管机关应当将处理结果及时通知人民检察院。

《中华人民共和国行政处罚法》部分条款内容：

第三十六条　违法行为在二年内未被发现的，不再给予行政处罚；涉及公民生命健康安全、金融安全且有危害后果的，上述期限延长至五年。法律另有规定的除外。

前款规定的期限，从违法行为发生之日起计算；违法行为有连续或者继续状态的，从行为终了之日起计算。

7 企业恶意注销情形下责任追偿问题

（一）相关案例

某市交通运输局就某公司"交通建设工程从业单位拒绝、阻碍依法实施安全生产监督检查"的行为依法作出行政处罚决定，给予某公司罚款人民币3万元整。该公司在法定期限内未提起行政复议、行政诉讼。某市交通运输局向人民法院提起行政强制执行申请，法院在审查阶段发现行政强制执行对象的主体资格已经不存在。经查，某市市场监管局已核准该公司的简易注销登记。

（二）法理分析

1. 案件焦点

行政强制执行对象的主体资格因简易注销不存在，如何确保罚款的追缴？在行政处罚的执行过程中，如何防止利用简易注销规避法律责任？

针对上述争议焦点，在实践中产生的分歧意见主要有两种。

第一种意见：追查注销的真实性，恢复公司主体资格。行政机关应当主动发函给市场监管部门（登记机关），根据《中华人民共和国市场主体登记管理条例》第四十条第一款"提交虚假材料或者采取其他欺诈手段隐瞒重要事实取得市场主体登记的，受虚假市场主体登记影响的自然人、法人和其他组织可以向登记机关提出撤销市场主体登记的申请"，督促市场监管部门立案调查，并根据《中华人民共和国公司法》第二百五十条和《中华人民共和国市场主体登记管理条例》第四十条等相关规定，作出撤

销注销登记的决定，以期尽快恢复该公司的主体资格。

第二种意见：变更或追加股东为被执行人。行政机关应当主动争取检察院和法院支持，构建"行政执法＋审判＋检察监督"衔接机制，有效共享信息、协作调查。由检察院分别向法院、行政机关制发检察建议，依法变更被执行人申请。将公司股东变更或追加为被执行人，并采取强制执行措施，将涉案罚款全部执行入库，形成国有资产保护协同治理机制。

2. 要点分析

第一种意见"恢复公司主体资格"的做法，从法律程序上恢复行政处罚的执行对象主体资格，有助于完成追缴罚款程序。但相关行政程序甚至由此引起的诉讼程序耗时较长，可能延误执行进程。同时，恢复主体资格后对有限责任公司能否执行到位仍存在不确定性。

第二种意见"变更或追加股东为被执行人"的做法，针对公司注销的现状，直接追责于股东，执法效果更直接有效。《中华人民共和国公司法》明确规定，公司通过简易程序注销公司登记，股东对公司在存续期间未产生债务，或者已清偿全部债务的承诺不实的，应当对注销登记前的债务承担连带责任。据此可通过部门协作，形成行政执法与司法力量的合力。当然，同样存在股东财产状况可能影响罚款追缴实际效果的问题。

3. 结论性意见

将公司股东变更或追加为被执行人，并采取强制执行措施，追缴罚款。

（三）典型意义

建立行政执法部门与市场监管局的信息共享机制，市场监管局在办理简易注销登记时，需核查企业是否存在未履行的行政处罚，对未履行的依法限制简易注销。另外，加强行政执法、审判、检察的联动，为变更或追加承诺不实股东为被执行人提供便利。

同时，本案确立的穿透式追责机制，在生态环境执法、税务征管、市场监管等行政执法领域具有普遍指导价值。以环保处罚为例，在企业恶意注销逃避环境修复责任时，可参照本模式直接追索股东个人资产；在税务部门追缴欠税过程中，可联动登记机关核验企业注销承诺真实性。此机制突破了传统"先恢复主体后执行"的路径依赖，构建起"承诺核查—责任穿透—协同执行"的三阶治理范式。各执法领域可以建立"黑名单"共享数据库，对存在未决处罚的企业自动触发注销限制程序。通过打通"信用承诺—行政执法—司法保障"的全链条监管闭环，可有效遏制"假注销真逃责"的违法态势，全面提升执法威慑力。该模式对贯彻《法治政府建设实施纲要（2021—2025年）》要求的"完善行政执法与刑事司法衔接机制"具有示范意义。

（四）相关依据

《中华人民共和国公司法》部分条款内容：

第二百四十条 公司在存续期间未产生债务，或者已清偿全部债务的，经全体股东承诺，可以按照规定通过简易程序注销公司登记。

通过简易程序注销公司登记，应当通过国家企业信用信息公示系统予以公告，公告期限不少于二十日。公告期限届满后，未有异议的，公司可以在二十日内向公司登记机关申请注销公司登记。

公司通过简易程序注销公司登记，股东对本条第一款规定的内容承诺不实的，应当对注销登记前的债务承担连带责任。

第二百五十条 违反本法规定，虚报注册资本、提交虚假材料或者采取其他欺诈手段隐瞒重要事实取得公司登记的，由公司登记机关责令改正，对虚报注册资本的公司，处以虚报注册资本全额百分之五以上百分之十五以下的罚款；对提交虚假材料或者采取其他欺诈手段隐瞒重要事实的公司，处以五万元以上二百万元以下的罚款；情节严重的，吊销营业执照；对直接负责的主管人员和其他直接责任人员处以三万元以上三十万元以下的罚款。

《中华人民共和国市场主体登记管理条例》部分条款内容：

第四十条 提交虚假材料或者采取其他欺诈手段隐瞒重要事实取得市

场主体登记的，受虚假市场主体登记影响的自然人、法人和其他组织可以向登记机关提出撤销市场主体登记的申请。

登记机关受理申请后，应当及时开展调查。经调查认定存在虚假市场主体登记情形的，登记机关应当撤销市场主体登记。相关市场主体和人员无法联系或者拒不配合的，登记机关可以将相关市场主体的登记时间、登记事项等通过国家企业信用信息公示系统向社会公示，公示期为45日。相关市场主体及其利害关系人在公示期内没有提出异议的，登记机关可以撤销市场主体登记。

因虚假市场主体登记被撤销的市场主体，其直接责任人自市场主体登记被撤销之日起3年内不得再次申请市场主体登记。登记机关应当通过国家企业信用信息公示系统予以公示。

8　管理人员岗位责任穿透审查问题

（一）相关案例

交通运输局检查发现，某公路建设项目施工单位主要管理人员李某未在施工现场，也未履行请假手续，导致当日现场一处高风险作业的安全监管不到位。经核查，李某为施工合同明确约定的项目经理，当日在未经批准的情况下擅自离岗，并无合理理由。

（二）法理分析

1. 案件焦点

如何认定交通建设工程施工单位主要管理人员未按规定在岗履职违法行为的处罚对象？应收集哪些证据？

2. 要点分析

（1）关于主要管理人员的责任

根据《中华人民共和国安全生产法》第五条等规定，生产经营单位的主要负责人是本单位安全生产第一责任人，对本单位的安全生产工作全面负责。其他负责人对职责范围内的安全生产工作负责。施工单位应当设置安全生产管理机构或者配备专职安全生产管理人员。根据《浙江省交通建设工程质量和安全生产管理条例》第十二条第二款规定，合同中列明的施工、监理单位主要管理人员应当按照规定要求和合同约定在岗履职。施工、监理单位主要管理人员应根据职责分工确定是否属于《中华人民共和国安全生产法》规定的安全生产管理人员，并不必然适用《中华人民共和国安全生产法》相关规定。李某作为项目经理，其在岗履职义务已经在地方性法规和合同中明确。李某未按规定履行请假手续、擅自离开施工现场，应依据《浙江省交通建设工程质量和安全生产管理条例》第三十三条第二款承担相应的行政责任。

（2）关于施工单位的管理责任

施工单位负有监督和保障主要管理人员在岗履职的义务。未落实相关管理制度或未及时发现人员违规离岗，即表明单位存在管理责任，可被认定为未履行生产经营单位的安全生产主体责任。

（3）关于处罚的证据

收集的证据包含人员在岗管理制度的证据（施工单位的在岗管理制度、人员考勤制度、请假流程文件、项目合同或岗位职责分工文件、明确李某为主要管理人员的证明材料等）、违法事实的证据（检查时李某不在岗的现场记录、请假申请记录或相关台账以证明李某未履行请假手续）、行为后果的证据、单位责任的证据（施工单位对主要管理人员日常监管不力或未履行监督责任的相关材料）及其他辅助证据，如现场作业视频记录、相关人员询问笔录等。

3. 结论性意见

根据在案证据，施工单位与主要管理人员均可能被行政处罚，但这并非属于一般的"一案双罚"范畴。

（三）典型意义

在类似案件中，执法人员需结合具体情形，准确划分个人行为与单位管理责任，确保处罚对象精准。对主要管理人员的个人行为和单位的管理责任需分别固定证据，确保事实清楚、责任明确。在其他行政执法领域，如安全生产、环境保护、住建等，也应当注重对违法行为的精准认定和证据的全面收集。例如，在环境保护领域，处理企业主要管理人员未按规定履行环保职责时，应当明确区分个人责任和单位管理责任，分别收集相关证据，确保处罚对象精准。通过准确划分责任和全面收集证据，可以有效避免行政处罚的随意性和不公正性，提高行政执法的公信力和权威性。

（四）相关依据

《中华人民共和国安全生产法》部分条款内容：

第五条 生产经营单位的主要负责人是本单位安全生产第一责任人，对本单位的安全生产工作全面负责。其他负责人对职责范围内的安全生产工作负责。

《浙江省交通建设工程质量和安全生产管理条例》部分条款内容：

第十二条 建设单位应当按照国家和省有关规定，在工程现场设置质量和安全生产管理机构、配备具有相应管理能力的管理人员。

合同中列明的施工、监理单位主要管理人员应当按照规定要求和合同约定在岗履职，在合同工期内不得擅自调整或者在其他工程项目兼职。主要管理人员确需调整或者在其他工程项目兼职的，应当征得建设单位书面同意；因身体健康等客观原因确实无法继续履职的，建设单位应当同意调整。调整后的主要管理人员，其资格条件应当符合合同约定的要求。

第三十三条 从业单位违反本条例规定，有下列情形之一的，由交通运输行政主管部门责令限期改正，给予警告，可以并处二万元以上十万元以下罚款；情节严重的，处十万元以上三十万元以下罚款：

（一）从业单位未按本条例第七条第二款规定填报责任登记表或者办理变更登记的；

（二）施工单位违反本条例第十一条第一款规定与非依法设立的劳务派遣单位实施劳务合作的；

（三）建设单位未按本条例第十二条第一款规定在工程现场设置质量管理机构、配备具有相应管理能力的管理人员的；

（四）施工、监理单位违反本条例第十二条第二款规定在合同工期内擅自调整主要管理人员，或者调整后主要管理人员的资格条件不符合合同约定的；

（五）施工单位违反本条例第二十一条规定设置施工现场办公区、生活区或者作业区的；

（六）施工、监理单位设立试验检测机构或者工地临时试验室，未按本条例第二十三条第一款规定配备专业人员、仪器设备，未按该款规定开展仪器设备检定、校准或者检测能力验证、比对，或者违反规范开展试验检测、超越核定的专业或者项目参数范围开展试验检测的；

（七）向社会提供服务的试验检测单位违反本条例第二十三条第二款规定，同时接受建设、监理、施工等两个以上单位对同一工程内容的试验检测委托的；

（八）特许经营项目的建设管理人员违反本条例第二十五条第三款规定承担勘察、设计或者施工管理岗位职责的。

施工、监理单位主要管理人员未按本条例第十二条第二款规定在岗履职，或者违反该款规定在其他工程项目兼职的，给予警告，可以并处二千元以上一万元以下罚款；情节严重的，处一万元以上三万元以下罚款。

《浙江省交通运输行政处罚裁量基准（2023年版）》部分条款内容（违法行为代码700154）整理如下。

处罚对象：个人或单位

（备注：1.不在岗行为是单位指令或者单位已经明知而放纵的，以单位为行政相对人；单位管理制度健全，人员擅自脱岗的，以行为人个人为行政相对人。2.未获得批准的请假即为未在岗履职）

9 专家行为合规监管问题

（一）相关案例

2024 年，执法人员发现某高速公路改扩建工程施工的招标、评标存在异常线索。经调查发现：三位招标人委派的评标代表在知道第一信封技术打分汇总结果排名的情况下，经组长同意取回第一信封并对技术打分进行修改，从而导致排名发生变化。经责令整改，招标人通知原评标委员会成员及相关单位代表在执法人员的监督下在某公共资源交易中心对第一信封技术打分进行了复核纠正，但中标结果没有变化，中标人仍为原中标人。

（二）法理分析

1. 案件焦点

本案情形下，在某公共资源交易中心对第一信封技术打分进行的复核纠正（虽中标人未变）是否属于整改完成？执法人员是否还需要对评委进行处罚？"禁止在一定期限内参加依法必须进行招标的项目的评标"是否属于限制从业类行政处罚？

2. 要点分析

（1）复核纠正并恢复评分结果的公平性和合法性可视为整改完成

复核程序应严格遵循招投标相关法律法规，如《中华人民共和国招标投标法》《评标委员会和评标方法暂行规定》等，确保评分重新计算的合法性和透明性。本案中对第一信封技术打分的复核纠正是在执法人员的监督下完成的，技术打分汇总结果排名进行了相应调整。虽然中标结果未改

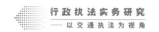

变，但可视为整改完成。

（2）对相关评委的违法行为仍需处罚

《浙江省人民政府关于进一步构建规范有序招标投标市场的若干意见》第十二条规定，招标人应在中标候选人公示前认真审查评标委员会提交的书面评标报告，发现异常情形的，依法依规进行复核和纠正。三位招标人委派的评标代表作为评标委员会成员，却私自修改打分，其行为属于违反《中华人民共和国招标投标法实施条例》第七十一条第八款"其他不客观、不公正履行职务的行为"。同时，评标委员会组长同意并配合三位招标人委派的评标代表修改打分的行为同样属于"不客观、不公正履行职务的行为"。

（3）适用限制从业类行政处罚程序有利于保护相对人权益

虽然本案中"禁止在一定期限内参加依法必须进行招标的项目的评标"不属于限制从事许可类行业，且评标工作多为评标委员会委员从事的兼职工作，但在法律法规没有对"限制从业"处罚种类作出明确定义的情况下，就对行政相对人产生的影响而言，宜从严认定其属于限制从业范畴，以适用更严格的程序来保障其合法权益。

3. 结论性意见

本案可视为已整改完成，但整改完成后仍应对评标委员会相关成员予以行政处罚。对本案中的违法违规行为可适用限制从业类行政处罚程序，开展法制审查、告知听证并进行集体讨论。

（三）典型意义

"交通建设工程项目评标委员会委员不客观、不公正履行职务"案由在《浙江省交通运输行政处罚裁量基准（2023年版）》中违法程度仅分为严重和特别严重，违法程度严重的直接对应"禁止在一定期限内参加依法必须进行招标项目的评标"的罚则。可以考虑该行政处罚对象和内容的特殊性，进一步细化一定期限的裁量基准。

同时，本案确立的"行为纠正与责任追究双轨制"对招投标、政府采购、工程监理、医药招采等领域的行政执法具有普适性。例如，在医疗设备采购中，对于专家评委篡改技术参数评分的行为可参照"复核评分＋追究责任"模式进行处理；在政府采购评审中，对于倾向性打分行为可同步适用限制从业处罚。各领域可以建立三项机制：一是违法情节分级量化机制，将"修改评分项数""影响中标结果程度"作为裁量基准核心指标；二是跨部门信用惩戒机制，将受限评委纳入全国统一信用平台，禁止其在关联领域执业；三是听证程序特别规则，针对专业技术类处罚设计专家陪审制度。该机制响应《优化营商环境条例》第三十条"国家加强社会信用体系建设"的要求，推动形成"程序修复—责任穿透—信用监管"的立体治理体系，对落实《法治政府建设实施纲要（2021—2025年）》"完善行政执法程序"具有示范意义。

（四）相关依据

《中华人民共和国招标投标法实施条例》部分条款内容：

第四十六条　除招标投标法第三十七条第三款规定的特殊招标项目外，依法必须进行招标的项目，其评标委员会的专家成员应当从评标专家库内相关专业的专家名单中以随机抽取方式确定。任何单位和个人不得以明示、暗示等任何方式指定或者变相指定参加评标委员会的专家成员。

依法必须进行招标的项目的招标人非因招标投标法和本条例规定的事由，不得更换依法确定的评标委员会成员。更换评标委员会的专家成员应当依照前款规定进行。

评标委员会成员与投标人有利害关系的，应当主动回避。

有关行政监督部门应当按照规定的职责分工，对评标委员会成员的确定方式、评标专家的抽取和评标活动进行监督。行政监督部门的工作人员不得担任本部门负责监督项目的评标委员会成员。

第四十八条　招标人应当向评标委员会提供评标所必需的信息，但不得明示或者暗示其倾向或者排斥特定投标人。

招标人应当根据项目规模和技术复杂程度等因素合理确定评标时间。

超过三分之一的评标委员会成员认为评标时间不够的，招标人应当适当延长。

评标过程中，评标委员会成员有回避事由、擅离职守或者因健康等原因不能继续评标的，应当及时更换。被更换的评标委员会成员作出的评审结论无效，由更换后的评标委员会成员重新进行评审。

第四十九条　评标委员会成员应当依照招标投标法和本条例的规定，按照招标文件规定的评标标准和方法，客观、公正地对投标文件提出评审意见。招标文件没有规定的评标标准和方法不得作为评标的依据。

评标委员会成员不得私下接触投标人，不得收受投标人给予的财物或者其他好处，不得向招标人征询确定中标人的意向，不得接受任何单位或者个人明示或者暗示提出的倾向或者排斥特定投标人的要求，不得有其他不客观、不公正履行职务的行为。

第七十一条　评标委员会成员有下列行为之一的，由有关行政监督部门责令改正；情节严重的，禁止其在一定期限内参加依法必须进行招标的项目的评标；情节特别严重的，取消其担任评标委员会成员的资格：

（一）应当回避而不回避；

（二）擅离职守；

（三）不按照招标文件规定的评标标准和方法评标；

（四）私下接触投标人；

（五）向招标人征询确定中标人的意向或者接受任何单位或者个人明示或者暗示提出的倾向或者排斥特定投标人的要求；

（六）对依法应当否决的投标不提出否决意见；

（七）暗示或者诱导投标人作出澄清、说明或者接受投标人主动提出的澄清、说明；

（八）其他不客观、不公正履行职务的行为。

10 项目经理责任界定及项目全周期责任追溯问题

（一）相关案例

交通运输部门在质量监督检查中发现某高速公路服务区（含停车区、加油站、餐饮设施）扩建工程的施工单位A公司未按设计图纸要求施工，导致发生生产安全责任事故。本项目施工合同中的项目经理为王某，但在多份工程管理文件中代表施工方签字的是李某。经调查，李某不是公示的项目负责人、承包人、实际施工负责人，未在施工单位担任法定代表人、股东及其他职位，未获取项目相关收益。

（二）法理分析

1. 案件焦点

本案中如何认定主要管理责任承担主体？

2. 要点分析

（1）关于合同约定及公示信息中王某的责任认定

王某作为施工合同中的项目经理且为公示的项目负责人，其负有项目安全生产管理的主要职责，属于单位直接负责的主管人员。若王某未有效履行职责（如未监督工程质量、安全管理措施不到位等），应承担主要管理责任，以防止项目经理通过其他人代签形式随意转移责任。

（2）关于签署文件的李某的责任认定

李某虽签署文件，但未担任相应职务，也未从中获取职务利益，不宜适用单位直接负责的主管人员责任条款。同时，需要结合其他证据综合认定其是否属于其他直接责任人员。如果李某实际参与施工管理，则应当认定为其他直接责任人员，适用其他直接责任人员责任条款。

（3）关于施工单位的责任

施工单位作为法人主体，对安全生产事故负有不可推卸的主体责任。若单位内存在项目负责人履职不力、管理混乱等问题，则施工单位需承担单位责任，并追究王某、李某等内部人员的相应责任。

3. 结论性意见

本案可综合证据认定王某为单位直接负责的主管人员，从而认定其为主要管理责任承担主体。执法人员需及时固定的证据包括：施工合同、涉及王某职责和权利的公示文件、李某签署的文件，安全生产管理履职记录、会议纪要等证明责任履行情况的材料。重点调查方向应为王某是否履行安全生产管理职责，李某是否具备实际管理权限，以及施工单位对项目安全管理的组织及监督情况。

（三）典型意义

在双罚制的个人层面，对单位直接负责的主管人员和其他直接责任人员的处罚，应当围绕这两类人员的职务、管理权限范围、履职情况来收集证据。

同时，本案确立的"名义责任优先＋实质参与补充"追责机制对建筑工程、特种设备、环境工程等领域的行政执法具有普遍适用性。例如，在房屋建筑工程中，备案项目经理长期缺位而由无资质人员代行职权的，可参照本案直接追究备案人员责任；在危险化学品生产项目中，名义安全负责人未履职但默许他人代签安全文件的，可同步适用双罚制。各领域可以完善三项制度：第一，动态履职核查制度，通过人脸识别、GPS 定位等技术手段核验关键岗位人员在岗情况；第二，签字权限制度，明确非备案人员签署技术文件的效力排除规则；第三，责任穿透机制，对于"挂证不在岗"行为可依照《中华人民共和国行政许可法》第六十九条撤销资质许可。该制度响应《国务院办公厅转发住房城乡建设部关于完善质量保障体系提升建筑工程品质指导意见的通知》（国办函〔2019〕92号）中"强化个人执业责任"的要求，为根除"人证分离"顽疾提供执法范本，对落实安全生产中的"企业主体责任"具有实践价值。

（四）相关依据

《公路水运工程质量监督管理规定》部分条款内容：

第十四条 施工单位应当严格按照工程设计图纸、施工技术标准和合同约定施工，对原材料、混合料、构配件、工程实体、机电设备等进行检验；按规定施行班组自检、工序交接检、专职质检员检验的质量控制程序；对分项工程、分部工程和单位工程进行质量自评。检验或者自评不合格的，不得进入下道工序或者投入使用。

第四十条 违反本规定第十四条规定，施工单位不按照工程设计图纸或者施工技术标准施工的，依照《建设工程质量管理条例》第六十四条规定，责令改正，按以下标准处以罚款；情节严重的，责令停工整顿：

（一）未造成工程质量事故的，处所涉及单位工程合同价款2%的罚款；

（二）造成工程质量一般事故的，处所涉及单位工程合同价款2%以上3%以下的罚款；

（三）造成工程质量较大及以上等级事故的，处所涉及单位工程合同价款3%以上4%以下的罚款。

第四十六条 依照《建设工程质量管理条例》规定给予单位罚款处罚的，对单位直接负责的主管人员和其他直接责任人员处单位罚款数额5%以上10%以下的罚款。

《建设工程质量管理条例》部分条款内容：

第二十八条 施工单位必须按照工程设计图纸和施工技术标准施工，

不得擅自修改工程设计，不得偷工减料。

施工单位在施工过程中发现设计文件和图纸有差错的，应当及时提出意见和建议。

第二十九条　施工单位必须按照工程设计要求、施工技术标准和合同约定，对建筑材料、建筑构配件、设备和商品混凝土进行检验，检验应当有书面记录和专人签字；未经检验或者检验不合格的，不得使用。

第七十三条　依照本条例规定，给予单位罚款处罚的，对单位直接负责的主管人员和其他直接责任人员处单位罚款数额 5% 以上 10% 以下的罚款。

《浙江省交通建设工程质量和安全生产管理条例》部分条款内容：

第三十三条　从业单位违反本条例规定，有下列情形之一的，由交通运输行政主管部门责令限期改正，给予警告，可以并处二万元以上十万元以下罚款；情节严重的，处十万元以上三十万元以下罚款：

（一）从业单位未按本条例第七条第二款规定填报责任登记表或者办理变更登记的；

（二）施工单位违反本条例第十一条第一款规定与非依法设立的劳务派遣单位实施劳务合作的；

（三）建设单位未按本条例第十二条第一款规定在工程现场设置质量管理机构、配备具有相应管理能力的管理人员的；

（四）施工、监理单位违反本条例第十二条第二款规定在合同工期内擅自调整主要管理人员，或者调整后主要管理人员的资格条件不符合合同约定的；

（五）施工单位违反本条例第二十一条规定设置施工现场办公区、生活区或者作业区的；

（六）施工、监理单位设立试验检测机构或者工地临时试验室，未按本条例第二十三条第一款规定配备专业人员、仪器设备，未按该款规定开展仪器设备检定、校准或者检测能力验证、比对，或者违反规范开展试验检测、超越核定的专业或者项目参数范围开展试验检测的；

（七）向社会提供服务的试验检测单位违反本条例第二十三条第二款规定，同时接受建设、监理、施工等两个以上单位对同一工程内容的试验检测委托的；

（八）特许经营项目的建设管理人员违反本条例第二十五条第三款规定承担勘察、设计或者施工管理岗位职责的。

施工、监理单位主要管理人员未按本条例第十二条第二款规定在岗履职，或者违反该款规定在其他工程项目兼职的，给予警告，可以并处二千元以上一万元以下罚款；情节严重的，处一万元以上三万元以下罚款。